kunterbunt & kerngesund

Kochen für Groß und Klein
mit vielen Bastelideen

Rezepte von der Zentrale für Ernährungsberatung e. V.
Bastelideen von Anna Dubas-Tietjens und Anne C. Wenzel
Bilder von Anne C. Wenzel

Zur raschen Orientierung sind viele Artikel mit Symbolen gekennzeichnet. Sie haben folgende Bedeutungen:

Sachbegegnung, Information, Wissen

Rezept

Basteln

Rätsel

Die Rezepte sind markiert als:

V vegetarisch

L laktosefrei

F fruktosefrei

G glutenfrei

→ Alle Rezepte mit Markierungen als Übersicht in der Nährwerttabelle auf S. 90 f.

Maßangaben:

EL Esslöffel
TL Teelöffel
ml Milliliter
l   Liter
g   Gramm
kg Kilogramm

Max   Anni   Jakob

ISBN 978-3-88069-774-4
Zentrale für Ernährungsberatung e. V. und
Anne C. Wenzel, kunterbunt & kerngesund
Titel 74 der Reihe KREISEL
© 2016 J. Ch. Mellinger Verlag GmbH, Stuttgart
Alle Rechte vorbehalten
Druck: Anrop Ltd.
Die Titel der Reihe erscheinen alle vier Monate
(Februar, Juni, Oktober)

www.editiondreieck.de

Inhalt

Einleitung 5

Kalte Mahlzeiten
Fix-Knusper-Müsli   Rezept 6
Flocken-Smoothie   Rezept 7
Cremiges Frucht-Frühstück   Rezept 8
Boote   Bastelidee 9
Quarkendes Fladenbrot   Rezept 9
Stoffbeutel selber bedrucken   Bastelidee 11
Radieschen-Käse-Korny   Rezept 12
Radieschen-Maus   Bastelidee 12
Schnelles Sandwich   Rezept 13
Frucht und Korn   Rezept 14
Ampel-Brot   Rezept 15
Schneller Salat-Mix   Rezept 16
Sattmacher-Nudel-Salat   Rezept 17
Granatapfel – der Besondere!   Sachbegegnung/Wissen 18
Gurkenschlange   Bastelidee 19
Couscous-Salat mit Feta   Rezept 19
Herbst-Männchen   Bastelidee 21
Feldsalat mit Pflaume   Rezept 21
Weißer Salat mit Apfel   Rezept 22
Herbst-Girlande   Bastelidee 23
Rate-Spaß mit Obst und Gemüse   Rätsel 24
Wrap mit Pepp   Rezept 25
Teelichtglas   Bastelidee 27
Lecker essen und toll toben!   Sachbegegnung/Wissen 27
Apfel – der Dauerbrenner!   Sachbegegnung/Wissen 28
Melonensterne   Bastelidee 28
Einladung Melone   Bastelidee 29
Knackiger Eisberg Möhre/Apfel   Rezept 29
Roter Quinoa-Salat   Rezept 31
Gelber Kartoffelsalat   Rezept 32

Warme Mahlzeiten
Kürbissuppe   Rezept 34
Lärchenstrauß   Bastelidee 35
Essbare Fliegenpilze   Bastelidee 35
Fantasie-Pizza   Rezept 36
Schnippel-Eintopf   Rezept 37
Räuber-Kartoffel-Auflauf   Rezept 38
Tolle Knolle mit Tzatziki   Rezept 40
Zucchinicremesuppe   Rezept 41
Porree-Schinken-Quiche   Rezept 42
Weiche Salz-Knete selbstgemacht   Bastelidee 44

Fisch im Grünen Rezept	45
Kresse im Ei Bastelidee	46
Knusper-Schnitzel mit grünem Mus Rezept	47
Knoblauch – echt scharf! Sachbegegnung/Wissen	48
Zwiebeln – nicht immer zum Weinen! Sachbegegnung/Wissen	49
Kartoffel-Kohlrabi-Gratin Rezept	49
Pinguin Bastelidee	50
Überbackene Kartoffel-Spalten Rezept	51
Nudeln rot/weiß Rezept	52
Brötchen „Hack und Back" Rezept	54
Quark-Kaiserschmarrn Rezept	55

Kleinigkeiten zum Nachtisch, für unterwegs & zwischendurch

Blitz-Brötchen Rezept	57
Italienische Spieße Rezept	58
Pflaumenmus 100 % Rezept	59
Einladung Fliegenpilz Bastelidee	59
Frühlingscreme Rezept	60
Avocado-Dip Rezept	60
Obst und Gemüse – echte Schätze! Sachbegegnung/Wissen	61
Heiße Waffeln Rezept	62
Joghurt „beerenstark" Rezept	63
Wimpelkette Bastelidee	64
Erdbeeren – die Schönsten! Sachbegegnung/Wissen	64
Rosengirlande Bastelidee	65
Eiweiß – nicht nur im Ei! Sachbegegnung/Wissen	65
Zauberapfel Bastelidee	66
Obst-Spießchen Bastelidee	66
Saftige Mais-Rosinen-Fladen Rezept	67
Milchprodukte – mal süß, mal salzig! Sachbegegnung/Wissen	68
Was ist Laktoseintoleranz? Sachbegegnung/Wissen	68
Nüsse und Samen – der Power-Snack! Sachbegegnung/Wissen	68
Trockenobst – bitte gut kauen! Sachbegegnung/Wissen	69
Körner – klein und knackig! Sachbegegnung/Wissen	69
Kräuter – kleine Blätter, viel Geschmack! Sachbegegnung/Wissen	69
Kräftige Apfelpfannkuchen Rezept	70
Pudding plus Frucht Rezept	71
Pures Apfelmus Rezept	72
Paprika-Tomaten-Aufstrich Rezept	72
Tomaten-Mozzarella-Caprese Rezept	74
Gemüse-Sticks mit bunten Dips Rezept	75
Fleisch, Fisch, Ei – Gutes vom Tier! Sachbegegnung/Wissen	76
Nicht Fleisch, nicht Fisch – Gutes aus Pflanzen! Sachbegegnung/Wissen	76
Starker Bananen-Quark Rezept	77
Getreide und Kartoffeln – gute Sattmacher! Sachbegegnung/Wissen	78
Bananen Sachbegegnung/Wissen	78
Bananen-Kiwi-Sticks Bastelidee	79
Großer Obst-Spaß Rezept	79

Apfel-Zimt-Traum Rezept	80
Kohlenhydrate – Energie für Kopf und Körper Sachbegegnung/Wissen	81
Zucker – mal offen, mal versteckt! Sachbegegnung/Wissen	81
Fruchtzuckerunverträglichkeit – wann Obst schadet! Sachbegegnung/Wissen	82
Getränke – Durst löschen oder Besonderes genießen! Sachbegegnung/Wissen	82
Erinnerungs-Sticks Bastelidee	82
Frucht in Milch Rezept	83
Vitamin-Lassi Rezept	83
Echte Schokomilch Rezept	84
Zitronengras-Roibusch-Tee Rezept	84
Wintertee Rezept	85
Eis & Tee Rezept	85
Orangen-Smoothie mit Ingwernote Rezept	86
Hausgemachte Zitronenlimo Rezept	87
Gefülltes Ei Bastelidee	88
Kleiner Schneemann Bastelidee	88
Grundmengen-Angaben Sachbegegnung/Wissen	89
Energiedichte – der neutrale Bewertungsmaßstab! Sachbegegnung/Wissen	89
Nährwerttabelle Sachbegegnung/Wissen	90
Saisonkalender Sachbegegnung/Wissen	92
Über die Autorinnen	93

Einleitung

kunterbunt & kerngesund – Da passt für jeden etwas!

Beim Kochen mit Kindern gilt definitiv das Motto: Früh übt sich, wer ein Meister werden will. Es ist faszinierend, wie auch die Kleinen schon schneiden lernen und mit Begeisterung und Geduld ihre Aufgaben erfüllen. Vom Weintrauben-Zupfen über Banane-Schneiden bis zum Möhren-Schälen und reiben trägt alles zum gelungenen Essen bei.

Das Arbeiten mit frischen Lebensmitteln übt nicht nur die motorischen Fähigkeiten, sondern schult auch alle Sinne. Das Auge isst bekanntlich mit, weshalb besonders die selbstgemachten Gerichte ein Genuss sind und zu Recht mit Stolz erfüllen.

Die Rezepte wenden sich in der Sprache direkt an die Kinder, damit sie die beschriebenen Aufgaben gut verstehen können. Manche Rezepte sind bekannt-beliebt, andere sind ausgefallen-kreativ. Es ist für jeden etwas dabei und ganz am Rande auch noch einfach, gesund und wohlschmeckend. Bastel- und Dekorationsideen sowie kleine Dialoge zwischen Anni, Max und Jakob ergänzen mit informativen Erklärungen und pfiffigen Fragen.

Zur Rezeptauswahl: Die Speisen, Gerichte und Getränke sind praktisch erprobt und den Erfahrungen nach bei Kindern beliebt. Die Zusammenstellung entspricht den Ernährungsempfehlungen der Deutschen Gesellschaft für Ernährung (DGE) für eine gesunderhaltende Ernährung.

Viel Spaß beim Ausprobieren, Basteln und Kochen!

Fix-Knusper-Müsli

2 Portionen

  Zutaten:
6 EL Haferflocken
4 TL Kokosraspeln
4 TL Rosinen
2 TL Sonnenblumenkerne
1 Glas Milch
1 große Banane
10 EL Apfelmus
10 EL Cornflakes

  Geräte:
2 Müsli-Schüsseln
Esslöffel
Teelöffel
Glas
Schneidebrett
Küchenmesser

Nimm dir zwei Müsli-Schüsseln. In beide löffelst du jeweils Haferflocken, Kokosraspeln, Rosinen und Sonnenblumenkerne. Dann vermischst du alles. Das Glas mit Milch verteilst du auf beide Schüsseln. Die geschälte Banane schneidest du in Scheiben und gibst jeweils eine Hälfte dazu. Jetzt kommen fünf Esslöffel Apfelmus in jede Schüssel. Dann rührst du alles um.

    Als Letztes löffelst du **fix** in jedes **Müsli** 5-mal Cornflakes – zum **Knuspern**!

JAKOB: Müsli am Morgen? Wie früh soll ich denn noch aufstehen?
ANNI: Gar nicht früher als sonst! Wir sitzen einfach zusammen am Tisch und während wir über den kommenden Tag sprechen, macht sich jeder sein Lieblings-Müsli fertig. Dann wird gefuttert!
JAKOB: Hmmm, und das soll klappen?
ANNI: Wunderbar!

Flocken-Smoothie

2 Portionen

Zutaten:
4 EL frische oder tiefgekühlte Himbeeren
(oder andere Beeren)
1 Banane
1 Apfel
2 EL zarte Haferflocken oder Schmelzflocken
250 ml Orangensaft

Geräte:
Schneidebrett
Küchenmesser
Esslöffel
Messbecher
Standmixer oder Pürierstab mit Schüssel

Wenn du tiefgekühlte Beeren nimmst, dann lass sie vorher etwas auftauen und fülle sie mit ihrem Auftausaft in den Mixer.
  Schäle die Banane und gib sie in großen Stücken dazu. Wasche den Apfel und schneide ihn klein. Achte darauf, dass du das Kerngehäuse gründlich entfernst. Löffle die Haferflocken dazu und gieß den Orangensaft darüber. Püriere alle Zutaten für ungefähr eine Minute, bis du keine Stückchen mehr erkennen kannst.
  Fülle den Flocken-Smoothie in zwei Gläser. Du kannst den Smoothie noch mit frischen Früchten dekorieren.

Cremiges Frucht-Frühstück

2 Portionen

Zutaten:
4 EL Haferkörner (oder Weizenkörner)
7 EL Wasser
1 Becher Joghurt (150 g)
1 Apfel (oder anderes frisches Obst wie Erdbeeren)
1 Banane
2 TL gehackte oder gemahlene Nüsse
1 EL Honig

Geräte:
Getreidemühle (Die Körner können auch im Bioladen geschrotet werden)
Schüssel
Esslöffel
Reibe
kleiner Teller
Gabel
Teelöffel

Abends mahlst du die Körner grob mit einer Getreidemühle. Dieses Schrot gibst du in eine Schüssel und rührst es mit dem kalten Wasser zu Brei. Den Brei lässt du für mindestens 8 Stunden im Kühlschrank stehen, damit das Getreide ausquellen kann.

Morgens verrührst du zuerst den Joghurt mit dem Hafer oder Weizen. Dann kannst du den gewaschenen Apfel direkt in die Schüssel reiben, bis nur noch das Kerngehäuse übrig bleibt. Schäle die Banane und zerdrücke sie mit einer Gabel auf einem kleinen Teller. Vermische den geriebenen Apfel und die Banane mit dem Brei.

Dieses cremige Frucht-Frühstück kannst du mit Nüssen und Honig verfeinern.

Boote

Material:
3 Eier
1 Crème fraîche
rote oder gelbe Paprika
Salz
Paprikapulver edelsüß
Schüssel
Küchenmesser
Gabel

Koche drei Eier hart und pelle sie nach dem Abkühlen. Halbiere die Eier vorsichtig und entferne mit einer Gabel das Eigelb. Zerdrücke es in einer Schüssel mit etwas Crème fraîche und füge klein gehackte Paprikastückchen hinzu. Schmecke alles mit Salz und Paprika edelsüß ab.

Fülle die Creme zurück in die Eierhälften und setze je ein Segel aus einem Paprikaschnitz darauf.

Quarkendes Fladenbrot

2 Portionen

Zutaten:
½ Fladenbrot
6 Salatblätter
1 Tomate
16 Gurkenscheiben
2 EL Mais
6 EL Kräuterquark, 40 % Fett i. Tr.

Geräte:
Brotmesser
Abtropfsieb
Schneidebrett
Küchenmesser
Salatschüssel
Dosenöffner
Esslöffel

Teile das halbe Fladenbrot noch einmal in der Mitte durch. Nun schneide das Brot vorsichtig zwischen der Ober- und Unterseite von der Mitte bis fast an den Rand ein, so dass eine Tasche entsteht.

Wasche die Salatblätter, lass sie gut abtropfen und schneide sie in feine Streifen. Gib die Streifen in eine Schüssel. Wasche die Tomate und die Gurke, bevor du sie in Scheiben schneidest. Am besten ist es, wenn du die Scheiben noch einmal halbierst. Tomaten und Gurken kommen zu den Salatstreifen. Den Mais nimmst du, möglichst ohne viel Flüssigkeit, aus der Dose und gibst ihn zum anderen Gemüse. Den Rest füllst du in eine Schüssel mit Deckel, die in den Kühlschrank kommt. Vermische alles gut miteinander.

Mit dem Löffel streichst du in die Fladenbrot-Stücke je drei Esslöffel Kräuterquark, jeweils an die obere und untere Innenseite.

Zu guter Letzt wird das Fladenbrot mit der Gemüsemischung gefüllt. Und das geht am besten mit sauberen Händen.

JAKOB: *Essen aus der Hand – sind wir hier im Imbiss?*
MAX: *Warum nicht mal so?*
JAKOB: *Stimmt, so bleibt auch zuhause das Besteck mal in der Schublade und der Abwaschberg klein.*

Stoffbeutel selber bedrucken

Material:
Bleistift mit Radiergummi
Stoffbeutel
Textilfarben
Kartoffeln
Weinkorken
Küchenmesser

In Drogeriemärkten oder Bastelläden bekommst du oft einfarbige Stoffbeutel. Besorge aus einem Bastelladen Textilfarben. Als Stempel kannst du aus einer halben Kartoffel mit einem Küchenmesser verschiedene Motive schnitzen. Bestreiche die Druckfläche mit Farbe und bedrucke den Stoff. Dickere Punkte kannst du mit einem Weinkorken stempeln, kleinere mit dem Radiergummi an einem Bleistift. Wenn du schon größer bist, kannst du mit einem scharfen, spitzen Skalpell in einen rechteckigen Radiergummi eine Form schnitzen. Einfach eine Schicht flach abheben, an der keine Farbe haften soll.

Wenn die Farbe auf dem Stoff getrocknet ist, musst du den Stoffbeutel noch bügeln, damit sie in der Wäsche haltbar bleibt.

Das Bild zeigt die Kartoffel als Stempel.

Oben rechts siehst du, wie ein Skalpell aussieht. Radiergummi-, Bleistiftradiergummi- und Korkenstempel siehst du darunter.

Wenn du diese Beutel zum Einkaufen mitnimmst, brauchst du keine Plastiktüten mehr.

Radieschen-Käse-Korny V F

2 Portionen

Zutaten:
2 Scheiben Vollkornbrot
30 g Frischkäse
50 g Gouda
8 Radieschen

Geräte:
Messer
Schneidebrett
Küchenmesser
Käsehobel

Bestreiche das Brot mit Frischkäse. Wenn du den Käse dünn hobelst, kannst du ihn über das ganze Brot verteilen. Kennst du solche Käsehobel?

Aus Radieschen kannst du viel schneiden: Scheiben, Halbkugeln, Mäuse, Fantasiestücke – oder sie einfach so zum **Korny** essen.

 # Radieschen-Maus

Material:
Radieschen
Küchenmesser
Gewürznelken

Schneide in ein Radieschen zwei kleine Kerben und stecke dünne Radieschenscheiben als Ohren hinein. Für die Augen kannst du zwei Gewürznelken in das Radieschen eindrücken.

Schnelles Sandwich (V) F

2 Portionen

Zutaten:
¼ Gurke
1 Tomate
4 Salatblätter (z. B. Kopfsalat oder Eisbergsalat)
2 Scheiben gekochter Schinken
oder
2 Scheiben Gouda, 45 % Fett i. Tr.
oder
1 hart gekochtes Ei
2 Sandwich-Körner-Brötchen (es geht auch mit Fladenbrot)
4 TL Kräuterquark
Senf
Ketchup

Geräte:
Schneidebrett
Küchenmesser
Abtropfsieb
eventuell Eierschneider
Toaster
Teelöffel

Bereite dir am besten zuerst die Zutaten vor: Wasche das Gemüse und lass es etwas abtropfen. Schneide die Gurke und die Tomate in dünne Scheiben. Drücke die Salatblätter etwas platt.

Schneide die Schinken- oder die Käsescheiben in zwei Teile. Das Ei bekommst du mit dem Eischneider in gleichmäßige Scheiben geteilt. Toaste die Sandwich-Brötchen. Wähle den Belag dann in einer Reihenfolge, die dir schmecken wird.

Zum Beispiel:

Auf die untere Hälfte erst ein Salatblatt, dann ein Stück gekochter Schinken oder Käse, dann Gurkenscheiben, ein zweites Stück Schinken/Käse, Tomatenscheiben und darauf einen Teelöffel Kräuterquark. Dann abschließen mit Salatblatt und Brötchendeckel.

So ein **Sandwich** geht super-**schnell** und ist super-saftig.

ANNI: Und wenn ich die angegebenen Sachen nicht im Kühlschrank finde?
MAX: Dann guck nach anderen Gemüse- oder Aufschnittsorten, die du in Scheiben geschnitten gut zwischen zwei Brötchenhälften legen kannst. Es geht auch mit Paprikastreifen, Radieschenscheiben, Salamistücken und sogar mit geraspelten Möhren. Such einfach aus, was dir schmeckt.

Frucht und Korn

2 Portionen

Zutaten:
2 Scheiben Vollkornbrot
2 TL Butter
1 Banane

Geräte:
Messer
Schneidebrett
Küchenmesser

Bestreiche beide Brotscheiben dünn mit Butter. Die geschälte Banane schneidest du in Scheiben und belegst damit ganz fruchtig deine Brotscheiben.

Ampel-Brot

2 Portionen

Zutaten:
2 Scheiben Vollkornbrot
2 TL Margarine
4 Blätter grüner Salat
2 hart gekochte Eier
½ rote Paprika

Geräte:
Schneidebrett
Messer
Küchenmesser
Eierschneider

Frage nach, ob du zwei hart gekochte Eier bekommen kannst.

Streiche Margarine dünn auf die Brotscheiben. Die Salatblätter müssen gut abgespült und gut abgetropft werden. Schneide die Eier mit einem Eierschneider oder mit dem Küchenmesser in Scheiben.

Die Paprika kannst du in verschiedener Weise zerteilen. Entweder entfernst du erst

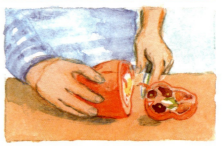

den Stiel oder du halbierst sie zuerst. In jedem Fall achte darauf, dass du das rote Fruchtfleisch komplett abtrennst, dann alles wäschst und danach in Streifen schneidest.

Jetzt entsteht auf dem **Brot** die **Ampel**:
grün: das Salatblatt
gelb: die Eierscheiben
rot: die Paprikastreifen

Die restlichen Paprikastreifen sind zum Naschen.

Schneller Salat-Mix

4 Portionen

Zutaten:
3 EL Öl
3 EL Zitronensaft
1 TL Zucker
etwas Salz

1 Dose Kidneybohnen (etwa 250 g)
1 Dose Mais (etwa 280 g)
½ Gurke

Geräte:
Salatschüssel
Esslöffel
Teelöffel
Dosenöffner
Sieb
Sparschäler
Schneidebrett
Küchenmesser
Salatbesteck

Verrühre Öl, Zitronensaft und Zucker mit etwas Salz in der Salatschüssel. Öffne die Dose Kidneybohnen. Schütte sie in das Sieb und spüle sie unter kaltem Wasser gut ab.

Öffne die Dose Mais, gib ihn zu den Bohnen und lass beides gut abtropfen. Schäle die Gurke mit dem Sparschäler, halbiere sie und schneide sie dann zweimal längs durch. Jetzt kannst du die Gurkenstreifen in kleine Stücke schneiden.

Danach kannst du die Bohnen, den Mais und die Gurkenstücke ganz **schnell** zu einem **Salat mixen**.

JAKOB: Ein Salat für Faulpelze?
MAX: Und für Dosenöffner-Spezis!
JAKOB: Diese roten Bohnen sind echt praktisch und ober-lecker!

Sattmacher-Nudel-Salat L F

4 Portionen

Zutaten:
125 g Vollkorn-Fusilli-Nudeln
1 TL Salz
½ Packung Erbsen, tiefgekühlt (150 g)
½ Dose Mais
2 Tomaten
½ Gurke
2 Scheiben gekochter Schinken (60 g)

4 EL Öl
4 EL Essig
2 EL Ketchup
1 Zehe Knoblauch (wenn du das magst)
etwas Salz

Geräte:
Topf
Sieb
Salatschüssel
Dosenöffner
Salatbesteck oder großer Löffel
Schneidebrett
Küchenmesser
Gabel
Tasse

Fülle den Topf mit Wasser, gib das Salz hinzu und stelle ihn auf den Herd. Schalte den Herd auf höchster Stufe an, um das Wasser zum Kochen zu bringen. Schütte die Nudeln in das kochende Wasser, stelle den Herd kleiner und koche die Nudeln 8–10 Minuten. Sie sollen noch nicht zu weich sein. Gieß die Nudeln vorsichtig in das Sieb und spüle sie unter kaltem Wasser ab. Das nennt man auch „abschrecken". Oder hast du vielleicht gekochte Nudeln vom Vortag, die du nehmen kannst? Schütte aus der Packung Tiefkühl-Erbsen die Hälfte in die Salatschüssel. Der Rest kommt schnell wieder in das Eisfach zurück. Gib den Mais auch zur Hälfte in die Salatschüssel. Die andere Hälfte kommt in einer kleinen Dose in den Kühlschrank. Wasch das Gemüse und schneide Tomaten und Gurken in kleine Stücke – einfach so, wie es dir gefällt. Dann hinein in die Salatschüssel. Schneide auch den Schinken in Würfel. Mische ihn unter den Salat. Jetzt kommt noch die Sauce: Alle Zutaten mit der Gabel in der Tasse vermixen und über den **Nudel-Salat** geben. Rühre alles gut um und warte mit dem **sattmachenden** Essen am besten noch etwa 15 Minuten. Dann hat sich die Sauce besser verteilt.

Granatapfel – der Besondere!

Aus einem Granatapfel kommen sehr viele erfrischende, knackige Kerne. Binde dir besser eine Schürze um, denn der rote Saft spritzt manchmal. Teile den Granatapfel mit einem Messer in Viertel. Kratze mit einem Esslöffel vorsichtig die Kerne heraus. Sie schmecken sehr saftig und passen in einen Salat, zu Couscous-Gerichten oder einfach so zum Naschen.

Gurkenschlange

Material:
1 Gurke
1 Karotte
1 Radieschen
Küchenmesser

Wasch die Salatgurke gründlich und schneide sie in Scheiben. Ordne die Scheiben in einer langen Schlange an. Schnitze aus einem Karottenstück die gespaltene Schlangenzunge und aus dem Inneren eines Radieschen die Augen.

Die Gurkenscheiben kannst du auch mit Pumpernickel-, Tomaten- oder Käsescheiben mischen.

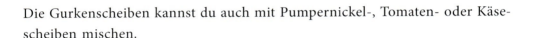

Couscous-Salat mit Feta V F

6 Portionen

Zutaten:
250 g Couscous
250 ml Wasser
1 TL Gemüsebrühe
1 Prise Koriander
½ TL Kreuzkümmel
½ Bund frische Petersilie
1 rote oder gelbe Paprika
2 Tomaten
½ Gurke
100 g Feta
1 Zwiebel
4 EL Olivenöl

4 EL Balsamico-Essig
Salz und Pfeffer
Pinienkerne, Pistazienkerne oder Mandeln

Geräte:
Messbecher
Wasserkocher
Salatschüssel
Teelöffel
Schneidebrett
Küchenmesser
Esslöffel
Pfanne
Pfannenwender

Fülle 250 ml Wasser in den Wasserkocher und schalte ihn an. Wenn das Wasser kocht, gieße die trockene Gemüsebrühe mit dem kochenden Wasser auf und rühre. Dann übergieße den Couscous damit. Lass ihn 10 Minuten quellen. Vergleiche die Flüssigkeitsmenge mit der Anweisung auf der Couscous-Packung.

Vermische den Couscous mit Kreuzkümmel, Koriander und der gehackten Petersilie. Wasche die Paprika, Tomaten und die Gurke und schneide das Gemüse und den Feta in Würfel. Verrühre alles in der Schüssel.

Schäle die Zwiebel, schneide sie in Würfel und brate sie in etwas Olivenöl bei mittlerer Hitze einige Minuten an, bis sie glasig ist. Gib den Balsamico dazu und lass das Ganze etwas einkochen. Die Zwiebel-Essig-Mischung kommt dann zum Salat. Rühre kräftig um und schmecke den Salat mit Salz und Pfeffer ab.

Der Couscous saugt sehr viel Aroma auf, eventuell musst du nachwürzen. Der Salat soll wirklich farbenfroh aussehen und intensiv schmecken.

Wer es gern mag, kann nun noch mit gerösteten Pinienkernen, Pistazienkernen oder Mandeln garnieren.

Herbst-Männchen

Material:
Tannenzapfen
Holzperle
Buchecker oder Eichelhülse
Klebstoff
Bindfaden

Aus Tannenzapfen kannst du Männchen basteln. Klebe eine Holzperle als Kopf und einen Hut aus einer Buchecker- oder Eichelhülse drauf. Hänge sie an Bindfäden an eine Girlande.

Feldsalat mit Pflaume V F

4 Portionen

Zutaten:
50 g Cashewkerne
80 g Pflaumenmus (ungezuckert)
4 EL Wasser
2 EL Olivenöl
1 Prise Salz
1 Granatapfel
1 großer Apfel
250 g Feldsalat

Geräte:
Pfanne
Pfannenwender
Salatschüssel
Esslöffel
Suppenteller
Schneidebrett
Küchenmesser
Abtropfsieb
Salatbesteck

Röste die Cashewkerne einige Minuten in einer Pfanne und lass sie etwas abkühlen. Für die Sauce verrührst du das Pflaumenmus mit dem Wasser und dem Olivenöl in der Salatschüssel. Dann würzt du sie mit einer Prise Salz. Um an die Kerne des Granatapfels zu gelangen, gibt es einen kleinen Trick. Dafür legst du einen Suppenteller in die Spüle. Du schneidest den Granatapfel in vier Teile und nimmst ein Granatapfelviertel zwischen Zeigefinger und Daumen. Mit einem Kochlöffel kannst du auf die Granatapfelschale klopfen, so dass die Kerne sich lösen und auf den Suppenteller fallen. Jetzt entkernst du den Apfel und schneidest ihn in kleine Stücke. Beim Feldsalat musst du vor dem Waschen noch die kleinen Wurzeln abschneiden. Dann lässt du ihn gut abtropfen. Zum Schluss mischst du in der Schüssel mit der Pflaumensauce den Feldsalat mit Apfel, Cashewkernen und Granatapfelkernen.

Weißer Salat mit Apfel V L G

4 Portionen

Zutaten:
1 Rettich (oder 5 Knollen Topinambur)
1 großer Apfel
50 g gehackte Walnüsse
1 Becher Crème fraîche

2 EL Honig
etwas Salz und Pfeffer

Geräte:
Sparschäler
Reibe
Salatschüssel
Schneidebrett
Küchenmesser
kleine Schüssel
Salatbesteck

Schäle den Rettich mit einem Sparschäler (die Topinamburknollen besser mit einem Küchenmesser) und reibe ihn grob mit einer Gemüsereibe. Pass dabei gut auf deine Finger auf. Wasch den Apfel, entferne das Kerngehäuse und schneide ihn in kleine Würfel. Hacke die Walnüsse klein und mische sie mit dem Apfel unter den Rettich. Vermische die Crème fraîche mit dem Honig und schmecke die Mischung mit etwas Salz und Pfeffer ab. Rühre die Creme unter den Salat.

Herbst-Girlande

Material:
Tannenzapfen
rote Beeren mit Blättern
Faden

Sammle einige hübsche Tannenzapfen und rote Beeren mit ein paar Blättern dran. Binde mit einem Faden kleine Sträußchen aus dem Gesammelten. Die Fäden sollten etwas länger sein. Hänge in regelmäßigen Abständen die Zapfen und Sträuße an ein dünneres Seil.

Du kannst die Girlande ans Fenster oder einmal quer durch den Raum aufhängen.

Rate-Spaß mit Obst und Gemüse

Welche Farbe haben die Obst- und Gemüsesorten, die du hier siehst? Du kannst die Seite kopieren und in den passenden Farben ausmalen. Versuche einmal herauszubekommen, was Obst und was Gemüse ist. Kleiner Tipp: Es sind 15 Obst- und 19 Gemüsesorten zu sehen.

Wrap mit Pepp

4 Portionen

Zutaten:
4 gekaufte Wraps
oder
400 g Mehl
6 EL Öl im Teig
2 TL Salz
200 ml warmes Wasser
etwas Öl zum Braten

Füllung:
ein paar Blätter Eisbergsalat
1 rote Paprika
½ Gurke
2 Tomaten

Sauce:
1 kleiner Becher Naturjoghurt
1 EL Zitronensaft
2 EL Quark
70 g Feta in Salzlake
bei Bedarf frische Kräuter
1 Teelöffel Zucker

Geräte:
Schüssel
Esslöffel
Teelöffel
Messbecher
Mixer mit Knethaken
Nudelholz
Pfanne

Schneidebrett
Küchenmesser

Wenn Du die Wraps selber machen möchtest, dann gib zuerst Mehl, Öl und Salz in eine Schüssel und dann das Wasser unter Rühren hinzu. Verknete alles mit dem Knethaken. Lass den Teig 20 Minuten ruhen. Teile ihn in vier gleich große Stücke und rolle ihn auf einer bemehlten Fläche ganz dünn zu Fladen aus. Brate diese mit etwas Öl in einer beschichteten Pfanne von beiden Seiten an.

Schneide den Salat, die Paprika, die Gurke und die Tomate in feine Streifen und kleine Stückchen.

Mische den Joghurt mit dem Zitronensaft und dem Quark. Krümele den Feta in die Sauce und füge ungefähr drei Esslöffel Salzlake vom Feta hinzu. Wenn du noch frische Kräuter in der Küche findest, wie zum Beispiel Basilikum oder Petersilie, kannst du ein paar Blätter klein hacken und die Sauce damit verfeinern. Schmecke die Sauce mit etwas Zucker ab.

Fülle einen Fladen mit dem Salat und der Sauce und rolle ihn wie auf dem Bild.

Teelichtglas

Material:
leeres Marmeladenglas
dünnes Bastelpapier
Tapetenkleister
Teelicht

Nimm ein leeres, sauberes Marmeladenglas. Zerreiße buntes, dünnes Bastelpapier in kleine Schnipsel. Streiche das Glas mit Tapetenkleister ein (auf der Packung steht, wie man den Kleister anrührt). Jetzt kannst du die Schnipsel beliebig auf das Glas kleben. Lasse das Glas trocknen und stelle ein Teelicht hinein.

Du kannst auch dünnes, weißes Papier um das Glas kleben und gepresste Blümchen und Blätter darauf kleben.

Lecker essen und toll toben!

So viel Bewegung tut dem Körper gut:
2–3 x Sport pro Woche
60–90 Minuten Alltagsaktivitäten pro Tag

10 gute Gründe für Sport und Bewegung:
Wohlbefinden
Gute Laune
Aktiver Stoffwechsel
Weniger Hunger
Gestärktes Immunsystem
Muskelaufbau
Kondition
Klarer Kopf
Besserer Schlaf
Konzentration

Sport bringt Spaß, ob du ihn allein betreibst oder in der Gruppe. Ein Sieg mit einem Team oder einer Mannschaft ist ein schönes Gefühl. Ohne viel Aufwand kannst du aber auch auf ein Rad steigen oder einfach loslaufen, joggen oder beim Fußballspielen mit den Nachbarskindern die frische Luft genießen.

Apfel – der Dauerbrenner!

Zum Sport, zur Schule, auf einen Ausflug: Einen Apfel kann man überall gut mitnehmen. Er ist robust, erfrischt und schmeckt saftig. Viele heimische Apfelsorten, wie z. B. Gala, Elstar, Jonagold, gibt es fast das ganze Jahr über in den Läden oder auf dem Markt. Ein Apfel ist gut für die Verdauung und ein schneller Energielieferant.

Melonensterne

Material:
Wassermelone
Ausstechförmchen „Stern"
Schneidebrett

Aus einer Wassermelonenscheibe stichst du mit einem Ausstechförmchen Sterne aus. Lege die Scheibe auf ein Brett und drücke das Förmchen darauf. Damit kannst du einen Obstsalat oder eine Nachspeise dekorieren.

Einladung Melone

Material:
weißes Papier
Schere
Buntstifte

Wie wäre es, eine Einladung wie eine Wassermelone zu gestalten? Du schneidest ein ovales weißes Stück Papier aus und malst die Vorderseite in den Farben der Melone an. Dasselbe machst du mit der Rückseite. Nun kannst du den Text deiner Einladung hineinschreiben und die Karte in der Mitte falten.

 # Knackiger Eisberg Möhre/Apfel

4 Portionen

Zutaten:
1 Becher Joghurt (150 g)
2 EL Zitronensaft
3 TL Zucker

½ Eisbergsalat
2 Möhren
1 mittelgroßer Apfel

Geräte:
Salatschüssel
Esslöffel
Teelöffel
Schneidebrett
Küchenmesser
Abtropfsieb
Sparschäler
eventuell Reibe
Salatbesteck

In der Salatschüssel verrührst du den Joghurt mit dem Zitronensaft und dem Zucker.

Du schneidest den Eisbergsalat in der Mitte durch. Die eine Hälfte kommt wieder in den Kühlschrank, von der zweiten entfernst du die äußeren Blätter. Auf dem Brett schneidest du am besten die Hälfte 4-mal längs und 4-mal quer durch. Diese Stücke wäschst du kurz in kaltem Wasser. In einem Sieb können sie gut abtropfen.

Die Möhren schälst du am besten mit einem Sparschäler. Beim Apfel kann die Schale dranbleiben, wenn er sehr gut gewaschen und abgerieben ist. Aus den Möhren und dem Apfel kannst du jetzt kleine Stücke schneiden, wie es dir gefällt. Wenn es feiner sein soll, nimm für die Äpfel und die Möhren eine grobe Reibe.

Gib beides direkt in die Joghurt-Sauce und rühre um. Zum Schluss wird der Eisbergsalat dazugegeben. Wichtig ist, dass der **knackige Eisberg** gut mit der Sauce vermischt wird. Nimm dazu das Salatbesteck.

MAX: Kennt ihr übrigens meinen Kreativ-Salat?
JAKOB: Nee, was ist das?
MAX: Ich mache einfach den Kühlschrank auf, schaue, welches Gemüse darin ist, schneide es klein und ab in die Schüssel. Jedes Mal anders.
ANNI: Nicht schlecht, das ist dann ja „Salat nach Art des Hauses"!

Roter Quinoa-Salat V L F G

6 Portionen

Zutaten:
150 g Quinoa
450 ml Gemüsebrühe
1 rote Paprika
2 Tomaten
½ Bund Lauchzwiebeln
½ Bund Petersilie
4 EL Olivenöl
3 EL Tomatenmark
1 TL Paprikapulver
etwas frisch gemahlener Pfeffer

Geräte:
engmaschiges Sieb
Topf mit Deckel
Topflappen
Schneidebrett
Küchenmesser
Esslöffel
Teelöffel
große Schüssel
Salatbesteck
Kleiner Becher

Wasche die Quinoakörner in einem engmaschigen Sieb gründlich, sonst werden sie später bitter. Füll einen Topf mit Gemüsebrühe und füge das gewaschene Quinoa hinzu. Koche alles erst mal bei starker Hitze auf und stelle die Herdplatte dann auf niedrige Stufe. Koche mit geschlossenem Topfdeckel. Nach 15 Minuten sind die Körner gar. Die Körner sehen dann etwas glasig aus. Gieße das Kochwasser ab. Wenn du das Quinoa etwas weicher haben möchtest, dann lass es noch etwa fünf Minuten weiterkochen.

In der Zwischenzeit schneidest du die Paprika und die Tomaten in kleine Würfel. Die Lauchzwiebeln schneidest du in feine Ringe, du hackst die Petersilie klein.

Stelle eine Marinade aus Olivenöl, Tomatenmark, Paprikapulver und etwas Pfeffer in einem kleinen Becher her. Du vermischst die Marinade kräftig. Fülle nun alle Zutaten in die Schüssel und gieße die Marinade darüber. Vermische alles gut mit dem Salatbesteck. Schmecke den Salat ab, eventuell kannst du noch mal salzen.

Gelber Kartoffelsalat V F (G)

4 Portionen

Zutaten:
6 mittelgroße Kartoffeln
1 Dose Mais
150 g Gewürzgurken
2 Eier
80 ml Salatdressing, z. B. Joghurt-Dressing
80 g Salat-Mayonnaise
etwas Salz
etwas Pfeffer

Geräte:
Gemüsebürste
großer Topf
Küchenmesser

Schneidebrett
Dosenöffner
Sieb
große Schüssel
Messbecher
Waage

Bürste die Kartoffeln unter fließendem Wasser, bis sie von Erde befreit und sauber sind. Lege die Kartoffeln in einen Topf und fülle so viel Wasser in den Topf, dass alle Kartoffeln vollständig mit Wasser bedeckt sind. Koche die Kartoffeln ungefähr 20 Minuten und prüfe mit einem Küchenmesser, ob sie gar sind. Du kannst in den letzten 10 Minuten die Eier zu den Kartoffeln geben, dann brauchst du keinen Extratopf, um die Eier zu kochen.

Die Kartoffeln und Eier kannst du nach dem Abgießen mit kaltem Wasser abschrecken. Lass die Kartoffeln eine Weile abkühlen, damit du dich nicht verbrennst. Dann pellst du sie vorsichtig mit einem Küchenmesser und schneidest sie in grobe Würfel. Die Eier pellst du am besten mit der Hand und schneidest sie ebenfalls in Würfel.

Du öffnest die Dose Mais und gießt den Inhalt in ein Sieb. Lass die Maiskörner gut abtropfen. Dann schneidest du ein paar Gewürzgurken klein.

Fülle Kartoffeln, Eier, Gewürzgurken und Mais in eine Schüssel und rühre vorsichtig die Mayonnaise und das Salatdressing unter. Schmecke den **gelben Kartoffelsalat** mit etwas Salz und Pfeffer ab.

Kürbissuppe

10 Portionen

Zutaten:
1 kg Kürbis(-fleisch)
3 Zwiebeln
3 EL Butter oder Öl
1 l Gemüsebrühe
1 Becher Schlagsahne
1 EL Mehl
2–3 EL Balsamicoessig
Salz und Pfeffer
gemahlener Koriander

Geräte:
Schneidebrett
Küchenmesser
großer Topf mit Deckel
Messbecher
Esslöffel
Kochlöffel
Pürierstab

Schneide zuerst den Kürbis in Spalten und entferne die Kerne. Schäle oder zerschneide den Kürbis, je nach Sorte (beim Hokkaidokürbis kannst du die Schale dranlassen).

Würfle die Zwiebeln und erhitze sie mit dem Fett in einem Topf. Dünste die Zwiebeln etwa 5 Minuten mit geschlossenem Deckel. Dann gieß Brühe hinzu und gib den Kürbis hinein. Lass es aufkochen und zugedeckt 15 Minuten garen. Der Kürbis wird in der Brühe püriert.

Verrühre die Sahne und das Mehl in einer Tasse. Pass dabei auf, dass keine Klümpchen entstehen. Danach rühre die Mischung in die heiße Kürbissuppe und koche sie noch einmal auf. Mit Essig, Salz, Pfeffer und Koriander schmeckst du deine Suppe ab.

Lärchenstrauß

Material:
Lärchenzweig
farbiger Karton
Nadel
Bindfaden
Zapfen

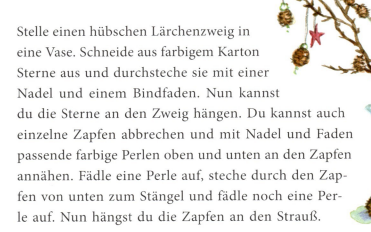

Stelle einen hübschen Lärchenzweig in eine Vase. Schneide aus farbigem Karton Sterne aus und durchsteche sie mit einer Nadel und einem Bindfaden. Nun kannst du die Sterne an den Zweig hängen. Du kannst auch einzelne Zapfen abbrechen und mit Nadel und Faden passende farbige Perlen oben und unten an den Zapfen annähen. Fädle eine Perle auf, steche durch den Zapfen von unten zum Stängel und fädle noch eine Perle auf. Nun hängst du die Zapfen an den Strauß.

Essbare Fliegenpilze

Material:
1 Ei
1 Tomate
Mayonnaise
1 kleine Mozzarellakugel
1 Cocktailtomate
Küchenmesser
Schneidebrett
Teelöffel

Für den Waldboden:
Spinat

Koche ein Ei 10 Minuten, bis es hart ist. Schneide von einem Ende des Eis ein kleines Stück ab, damit es steht. Halbiere eine Tomate und höhle sie mit einem Teelöffel aus. Nun kannst du die Tomatenhälfte auf das Ei setzen und mit Mayonnaise kleine weiße Tupfer machen.

Für einen kleinen Pilz nimmst du eine kleine Mozzarellakugel und eine Cocktailtomate und machst es genauso wie beim großen Pilz.

Wenn du die Pilze auf einen Teller mit Spinat setzt, hast du einen richtigen Waldboden.

Fantasie-Pizza

10 Portionen

Zutaten für den Teig:
500 g Vollkornmehl
8 EL Milch
250 g Magerquark
1 Ei
8 EL Öl
2 TL Salz
1 Packung Backpulver

Tomatensauce:
1 kleine Dose gehackte Tomaten
1 Prise Salz
2 TL Oregano
Pfeffer aus der Mühle

Belag:
200 g gekochter Schinken (alternativ: Fetakäse oder Putenbrust)
1 große rote Paprika
½ Dose Mais
80 g Ananas aus der Dose
150 g geriebener Käse

Geräte:
Schüssel
Esslöffel
Nudelholz
Dosenöffner
Schneidebrett
Küchenmesser
Backofen und Backblech
Backpapier

Knete alle Zutaten für den Teig gründlich zusammen. Rolle den Teig erst auf einer bemehlten Arbeitsfläche aus und lege ihn dann auf ein mit Backpapier ausgelegtes Blech. Rolle den Teig nun so, dass er gut das Blech ausfüllt.

Würze die gehackten Tomaten mit einer Prise Salz, etwas Oregano und Pfeffer und verteile die Tomatensauce auf dem Teig. Schneide den gekochten Schinken, die Paprika und die Ananas in kleine Stücke. Verteile alles mit dem Mais gleichmäßig über den Pizzateig. Streue am Ende den geriebenen Käse über die Pizza. Die Pizza kommt für 20–30 Minuten bei 200° C in den Ofen.

 # Schnippel-Eintopf   F

6 Portionen

Zutaten:
6 Möhren
4 Kartoffeln
500 ml Wasser
2 TL Gemüsebrühe
1 EL Butter
2 EL Petersilie, tiefgekühlt
3 Vollkornbrötchen

bei großem Hunger:
3 kleine Würstchen

Geräte:
Sparschäler
Schneidebrett
Küchenmesser
Topf mit Deckel
Teelöffel
Esslöffel

Die Möhren und die Kartoffeln müssen gewaschen werden. Danach schälst du sie am besten mit einem Sparschäler und schneidest die Möhren in Scheiben. Die Kartoffeln schneidest du in ähnlich große Stücke. Jetzt stellst du den Topf mit Wasser und Gemüsebrühe, den Möhren und den Kartoffeln auf den Herd. Auf hoher Stufe soll die Suppe einmal aufkochen, danach auf niedriger Stufe etwa 15 Minuten weiterköcheln. Wenn die Kartoffeln und Möhren weich sind, gibst du in den **Schnippel-Eintopf** die Butter und die Petersilie.

Zum Eintopf gibt es noch Vollkornbrötchen. Für den ganz großen Hunger kannst du in den letzten 5 Minuten die klein geschnittenen Würstchen in die Suppe geben.

JAKOB: Schälen ist nun nicht gerade mein Ding. Es dauert einfach ewig!
ANNI: Und ich muss mir immer anhören, dass ich zu dick schäle.
MAX: Kennt ihr keinen Sparschäler? Der schält dünn und es geht schnell!

Räuber-Kartoffel-Auflauf

6 Portionen

Zutaten:
12 Kartoffeln (etwa 1 kg)
2 TL Salz
500 g frische Tomaten
1 Knoblauchzehe

2 TL Oregano
2 TL frisches Basilikum
1 Prise Pfeffer
3 kleine Zwiebeln
½ Kopf Brokkoli
2 EL Olivenöl
4 EL Oliven ohne Stein
1 Tüte geriebener Käse (200 g)

Geräte:
Sparschäler
Küchenmesser
Schneidebrett
Topf mit Deckel
Ofen
Backofen und Backblech
Backpapier
Knoblauchpresse
Alufolie

Schäle die Kartoffeln und schneide sie in dicke Scheiben. Koche sie für etwa 15 Minuten in Salzwasser, so dass sie noch nicht ganz gar sind. Gieße das Wasser ab und schichte die Scheiben dachziegelartig auf das Blech. Wasche die Tomaten und schneide sie in kleine Würfel. Schäle den Knoblauch und presse ihn mit der Knoblauchpresse aus. Mische den Knoblauch unter die Tomaten. Verteile anschließend die Tomatenmischung gleichmäßig über die Kartoffelscheiben, bestreue sie mit Oregano und frischem Basilikum und würze sie mit Salz und etwas Pfeffer. Gieß das Olivenöl darüber und lege den klein geschnittenen Brokkoli, die Oliven und die Zwiebeln gleichmäßig auf die Pizza.

Du kannst auch anderes Gemüse verwenden. Vielleicht suchst du mal im Kühlschrank, ob du dort etwas **räubern** kannst. Lecker sind zum Beispiel Paprikastreifen, dünne Möhrenscheiben oder Mais.

Streue nun den Käse gleichmäßig darüber und decke das Blech mit Alufolie ab, damit der Brokkoli und der Käse im Ofen nicht verbrennen. Schieb den Auflauf in den vorgeheizten Ofen und backe ihn bei 180° C für 20 Minuten fast fertig. Nimm die Alufolie ab und stelle den Herd aus. Lass das Blech jetzt für weitere 5 Minuten im Ofen. Die Resthitze lässt den Auflauf wunderbar braun werden und … so verbrennt auch nichts.

 # Tolle Knolle mit Tzatziki

4 Portionen

Zutaten:
500 g Kartoffeln
1 kleine Packung Quark, 20 % Fett i. Tr. (250 g)
1 Becher Joghurt
1 Messerspitze Salz
2 Knoblauchzehen
½ Salatgurke

Geräte:
Topf mit Deckel
Schüssel
Esslöffel
Schneidebrett
Küchenmesser
Knoblauchpresse
Sparschäler
Reibe

Wasche die Kartoffeln und lege sie in den Topf. Gib so viel Wasser dazu, dass sie etwa knapp bedeckt sind. Den Deckel nicht vergessen. Schalte die Herdplatte auf höchste Stufe, bis das Wasser kocht. Dann koche die Kartoffeln bei kleiner Stufe langsam weiter. Verrühre den Quark, den Joghurt und das Salz in einer Schüssel. Schäle die Knoblauchzehen mit dem Küchenmesser und die Gurke mit dem Sparschäler. Der Knoblauch kommt in die Presse und landet direkt im Quark. Die Reibe legst du am besten über die Schüssel und raspelst die Gurke direkt zu den anderen Zutaten. Einmal gut umrühren und abschmecken! Kleine Kartoffeln sind schneller gar. Um eine Garprobe zu machen, stichst du nach etwa 15 Minuten mit einem Küchenmesser in die größte Kartoffel. Wenn du einen Widerstand spürst, brauchen die Kartoffeln noch ein paar Minuten, bis sie fertig sind. Wenn sie weich sind, gieße sie mitsamt dem Wasser vorsichtig in das Spülbecken.

Auf die Gabel gespießt können die dampfenden **tollen Knollen** am Tisch gepellt werden, bevor du sie mit dem **Tzatziki** genießen kannst.

Anni: Die Kartoffeln sind gar, aber wo ist der Tzatziki?
Max: Wenn du die Reihenfolge im Rezept beachtest, gibt es kein Küchenchaos und alles wird gleichzeitig fertig!

Zucchinicremesuppe V F

10 Portionen

Zutaten:
1 kg Zucchini
3 große Zwiebeln
50 g Margarine oder Butter
1 l Wasser
4 TL Gemüsebrühe
200 ml Sahne
Salz und Pfeffer
etwas Muskat

Geräte:
Schneidebrett
Küchenmesser
Topf
Teelöffel
Pürierstab

Würfle die Zucchini und die Zwiebeln und brate beides mit der Margarine bei offenem Deckel im Topf an. Füge das Wasser und die Brühe hinzu und lass alles 20 Minuten kochen. Püriere die Zucchini mit einem Pürierstab.

Durch die Sahne wird die Suppe richtig cremig. Würze sie mit Salz, Pfeffer und Muskat und schmecke sie selbst ab.

Porree-Schinken-Quiche F

4 Portionen

Zutaten:
Teig:
150 g Weizen- oder Dinkelmehl Type 1050
1 Ei
2 EL Milch
Salz
2–3 EL Olivenöl

Belag:
300 g Porree
100 g gekochter Schinken

Sauce:
1 Ei
50 g Sahne
6 EL Milch
Salz
Pfeffer aus der Mühle

Geräte:
Mixer
Schüssel
Schneidebrett
Küchenmesser
Topf mit Deckel
Abtropfsieb
Nudelholz
Backofen und Quicheform oder runde Backform

Rühre aus Mehl, einem Ei, etwas Milch, Salz und Olivenöl einen Teig.

Putze den Porree und schneide ihn in feine Ringe. Bring etwas Wasser mit Salz zum Kochen und koche den Porree ganz kurz darin. Das nennt man Blanchieren. Schütte Porree und Wasser in ein Sieb, spüle ihn kalt ab und lass ihn abtropfen.

Schneide den Kochschinken in Streifen. Rolle nun den Teig auf einer bemehlten Arbeitsfläche aus und hebe ihn in eine gefettete runde Form. Verteile Porree und Schinken auf dem Teig.

Verquirle das Ei mit Sahne und Milch und würze mit Salz und Pfeffer. Verteile die Sauce auf dem Teig.

Im vorgeheizten Ofen bei 200° C braucht die Quiche auf mittlerer Schiene etwa 40 Minuten zum Backen.

Weiche Salz-Knete selbstgemacht

Zutaten für eine größere Menge:
1 kg Mehl
350 g Salz
3–5 EL Zitronensäure oder Weinsteinsäure
15 EL Öl
750–1000 ml kochendes Wasser
Lebensmittelfarbe

Geräte:
Waage
Schüssel
Messbecher

Zutaten für eine kleinere Menge zum Ausprobieren der Farben:
200 g Mehl
70 g Salz
1 EL Zitronensäure oder Weinsteinsäure
3 EL Öl
150–200 ml kochendes Wasser
Lebensmittelfarbe

Geräte:
Waage
Schüssel
Messbecher

Es folgen ein paar Informationen zu den Besonderheiten dieses Rezeptes im Unterschied zum klassischen Salzteig:

Kochendes Wasser:
Der Kneteteig entwickelt sich durch das kochende Wasser anders als mit kaltem Wasser. Er wird in erster Linie geschmeidiger und lässt sich besser kneten.

Zitronensäure oder Weinsteinsäure:

Zitronensäure oder Weinsteinsäure sorgen für verbesserte Geschmeidigkeit und haben außerdem eine konservierende Wirkung auf die Knete. Die Zitronensäure bekommt man unter anderem in Drogerien. Sie wird dort zum Entkalken von z. B. Wasserkochern angeboten. Zitronensäure gibt es als Pulver oder in flüssiger Form. Beides funktioniert für die weiche Salz-Knete. Die Weinsteinsäure kann man in Apotheken kaufen.

 # Fisch im Grünen

4 Portionen

Zutaten:
500 g junger Spinat oder Blattspinat, tiefgekühlt
300 g Seelachsfilet, frisch oder tiefgekühlt
etwas Jodsalz und Pfeffer
4 EL Schmand
4 EL Milch
2 EL Parmesankäse
etwas Muskat
6–8 Kartoffeln

Geräte:
Auflaufform
Schneidebrett
Schüssel
Küchenmesser
Esslöffel
Topflappen
Topf mit Deckel

Den Spinat nimmst du als Erstes aus dem Tiefkühlfach und legst ihn ohne Verpackung in die Auflaufform.

Den Ofen schaltest du auf 100° C und stellst den Spinat zum Auftauen hinein. Jetzt holst du den tiefgekühlten Fisch heraus. Bei frischem Seelachsfilet kannst du mit den Fingern tasten, ob noch Gräten im Fischfleisch steckt. Sie sind leicht herauszuziehen. Den Fisch salzt und pfefferst du leicht von beiden Seiten.

In der Schüssel verrührst du den Schmand, die Milch und den Parmesankäse. Wenn der Spinat weich ist, nimmst du die Auflaufform heraus, streust etwas Jodsalz und Muskat darüber und legst den Seelachs auf das Gemüse.

Stelle den Backofen jetzt auf 200° C. Die Schmand-Sauce verstreichst du über den Fisch. Wenn alles verteilt ist, kommt der Auflauf für etwa 30 Minuten in den Ofen.

Jetzt ist Zeit, die Kartoffeln zu waschen, mit Wasser auf den Herd zu stellen und zum Kochen zu bringen.

Nach 20 Minuten Kochzeit machst du den Test, ob sie weich sind. Wenn ja, dann gießt du Wasser und Kartoffeln aus und pellst die tolle Knolle. Zu den Kartoffeln zauberst du nun den **Fisch im Grünen** aus dem Ofen.

Anni: Fisch! Da denke ich gleich an Gräten.
Max: Warum? Null Problemo, würde ich sagen. Beim Essen lasse ich mir richtig Zeit – zum Genießen. Und gleichzeitig kann ich nach möglichen Gräten fahnden.
Jakob: Wer langsam isst, hat mehr vom Essen!

 ## Kresse im Ei

Material:
1 Ei
1 Tüte Kressesamen
etwas Watte

Wenn du ein gekochtes Ei aufgegessen hast, nimm die Schale und wasche sie aus. Befeuchte etwas Watte mit Wasser. Stecke die Watte in das Ei. Lege nun Kressesamen ordentlich nebeneinander auf die Watte. Stelle die Eierschale im Eierbecher auf die Fensterbank und befeuchte die Watte täglich.

Nach einigen Tagen wirst du sehen, wie die Kresse aus den Samen wächst und dein Ei bekommt eine grüne Frisur. Wenn du willst, kannst du der Eierschale ein Gesicht malen.

Knusper-Schnitzel mit grünem Mus   L F

4 Portionen

Zutaten:
2 Kartoffeln
½ Brokkoli
1 Tasse Erbsen
250 g Puten-Schnitzel
etwas Salz und Pfeffer
1 Ei
20 g Cornflakes
3 EL Öl

Geräte:
Sparschäler
Küchenmesser
Schneidebrett
Topf mit Deckel
Kartoffelstampfer
2 Teller
Pfanne
Pfannenwender

Schäle die rohen Kartoffeln und schneide sie klein. Wasche den Brokkoli und trenne die Röschen vom Stiel. Teile die Röschen einmal in der Mitte durch. Fülle sie mit den Erbsen und den Kartoffeln in einen Topf. Bedecke alles mit Wasser und gib eine Prise Salz hinein.

Koche das Gemüse mit den Kartoffeln etwa 15 Minuten weich. Gieße das meiste Wasser ab und zerdrücke alles mit einem Kartoffelstampfer. Damit es cremig wird, kannst du noch etwas Wasser oder Milch dazugeben.

Würze die Schnitzel mit Salz und Pfeffer und wälze sie zuerst in dem verrührten Ei und dann in den zerbröselten Cornflakes.

Erhitze das Öl in der Pfanne auf mittlerer Stufe. Wenn es heiß ist, lege vorsichtig die Schnitzel rein. Erst nach ungefähr 3 Minuten sollte das Schnitzel gewendet werden und von der anderen Seite ebenfalls mindestens 3 Minuten angebraten werden. Je nach Dicke des Schnitzels kann die Garzeit variieren.

Knoblauch – echt scharf!

Entferne die weiße Haut der Knoblauchknolle, um eine Knoblauchzehe herauszubrechen. Schneide von der Knoblauchzehe den Strunk weg und ziehe dann die Haut ab. Willst du den Knoblauch zerkleinern, dann schneide den geschälten Knoblauch quer in dünne Scheiben oder drücke ihn durch eine Knoblauchpresse. Knoblauch enthält viele Vitamine, Mineralstoffe und Spurenelemente sowie ein starkes ätherisches Öl – daher der Knoblauchgeruch!

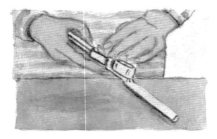 

Lege eine geschälte Knoblauchzehe in die Presse und drücke sie kräftig zusammen. Unten kommen die kleinen Stücke und der Saft heraus.

Zwiebeln – nicht immer zum Weinen!

Warum müssen wir weinen, wenn wir eine Zwiebel schneiden? Die Zwiebel enthält Stoffe, die beim Zerschneiden miteinander reagieren und in die Luft steigen. Sie reizen die Schleimhäute und die Augen beginnen zu tränen. Wenn du die geschälte Zwiebel, das Messer und das Schneidebrett mit kaltem Wasser abspülst, kannst du verhindern, dass es in deinen Augen brennt. Zwiebel enthält viele ätherische Öle, Vitamine und andere besondere Stoffe.

 ## Kartoffel-Kohlrabi-Gratin

6 Portionen

Zutaten:
10 mittelgroße Kartoffeln
4–5 Kohlrabi (etwa 1 kg)
1 Zwiebel
1 Zehe Knoblauch
400 ml Sahne
Salz und Pfeffer
½ Bund Petersilie
Muskat
Majoran
2–3 EL Butter
100 g frischer Parmesan

Geräte:
Küchenmesser
Schneidebrett

Gemüsehobel
Schüssel
Auflaufform

Kartoffeln und Kohlrabi schälen und mit dem Gemüsehobel in feine Scheiben schneiden.

Den Ofen auf 180° C vorheizen.

Zwiebel und Knoblauch pellen und fein würfeln, die Petersilie hacken. Nun alle Zutaten bis auf Butter und Parmesan in einer Schüssel vermengen und leicht salzen und mit den anderen Gewürzen abschmecken.

Eine Auflaufform fetten und die Masse hineingeben, mit Parmesan bestreuen und Butterflocken auf den Auflauf setzen, anschließend bei 180° C in Umluft garen. Nach 20 Minuten auf 150° C schalten und weitere 25 Minuten backen, so dass der Käse nicht zu braun wird.

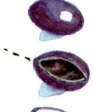

Pinguin

Material:
18 große blaue Weintrauben
18 kleine blaue Weintrauben
1 schmale Karotte

etwas Frischkäse
18 Zahnstocher

Geräte:
Teelöffel
Sparschäler
Schneidebrett
Küchenmesser

Nimm eine größere Weintraube und schneide sie der Länge nach auf.
Mit einem Teelöffel kannst du nun ein wenig Frischkäse hineinfüllen.
Schäle die Karotte und schneide sie in 18 Scheiben.
Lege eine Scheibe vor dich auf den Tisch und schneide ein kleines Dreieck heraus.
Schneide in eine kleinere Weintraube der Länge nach einen Schnitt und stecke das Karottendreieck in den Schnitt.
Setze nun die gefüllte Weintraube auf die Karottenscheibe, in welcher das Dreieck fehlt.
Mit dem Zahnstocher kannst du jetzt den Pinguinkopf, den Körper und die Füße zusammenstecken und den Pinguin hinstellen.

 # Überbackene Kartoffel-Spalten

2 Portionen

Zutaten:
10 mittelgroße Kartoffeln
2 EL Öl
1 EL Rosmarin
1 Knoblauchzehe
½ TL Salz

Geräte:
Sparschäler
Küchenmesser
Schneidebrett
Esslöffel
Teelöffel
Knoblauchpresse
Backofen und Backblech
Backpapier

Schäle die Kartoffeln und schneide sie in Spalten.

Mische in einer Schüssel die Marinade aus Öl, Rosmarin, gepresstem Knoblauch und Salz. Gib zuletzt die Kartoffeln dazu. Verteile nun die marinierten Kartoffeln auf dem mit Backpapier ausgelegten Blech. Dann kommt alles für 30 Minuten in den Backofen bei 180° C. Wende die Kartoffeln nach 15 Minuten, damit sie von allen Seiten knusprig werden.

 # Nudeln rot/weiß

10 Portionen

Zutaten:
2 Zwiebeln
2 Knoblauchzehen
1 TL Salz
500 g Nudeln
4 EL Sonnenblumenöl
2 große Paprika
15 Champignons
1 Packung passierte Tomaten (500 g)
Kräuter-Jodsalz
Pfeffer
getrocknete Kräuter
5 EL Parmesankäse

Geräte:
Schneidebrett
Küchenmesser
großer Topf mit Deckel
kleiner Topf mit Deckel
Teelöffel
Esslöffel
Rührlöffel
Knoblauchpresse
Abtropfsieb

Für die Tomatensauce schälst du die Zwiebel und schneidest sie in grobe Stücke. Wenn du sie richtig nass machst, beißt sie nicht so in den Augen. Wenn du Knoblauch magst, schälst du auch die Zehen. In den großen Topf füllst du gut zwei Liter Wasser und gibst das Salz und einen Esslöffel Öl dazu. Den Topf mit Deckel stellst du auf die Herdplatte und schaltest auf die höchste Stufe.

Im kleinen Topf lässt du bei schwacher Hitze drei Esslöffel Öl warm werden und gibst dann die Zwiebelstücke hinein. Die Knoblauchzehen drückst du am besten direkt durch die Knoblauchpresse in den Topf. Bei geschlossenem Deckel lässt du alles auf mittlerer Stufe schmoren und rührst ab und zu um.

Jetzt wäschst du die Paprika und die Champignons. Von der Paprika entfernst du den Stiel und die Kerne und schneidest sie in größere Stücke. Die Stücke kommen zu der Zwiebel in den Topf. Alles muss weiter schmoren. Bei den Champignons brauchst du nur ein Stückchen Stiel abzuschneiden, dann kannst du sie in Scheiben schneiden und ebenfalls in den kleinen Topf geben. Wichtig: Öfter rühren!

Wenn das Wasser in dem großen Topf kocht, schüttest du die Nudeln langsam hinein und rührst vorsichtig um. Auf kleiner Stufe sollen die Nudeln 8–10 Minuten leicht kochen. Wenn das Gemüse etwas weich ist, gibst du die passierten Tomaten dazu. Alles auf kleiner Stufe köcheln lassen und mit Jodsalz, Pfeffer und Kräutern nach Lust und Laune würzen.

Wenn du meinst, dass die Nudeln weich sind, gießt du sie vorsichtig in ein Sieb über dem Spülbecken. Zum Abschrecken lässt du einmal ganz kurz kaltes Wasser über die Nudeln fließen. Jetzt servierst du schnell die **Nudeln** mit der **roten** Sauce. Obendrauf kann sich jeder etwas **weißen** Parmesankäse streuen.

ANNI: *Nudeln gibt es ja soooo viele!*

MAX: *Ich als Hobbykoch nehme immer die aus Hartweizengrieß. Die werden „al dente".*

ANNI: *„Al dente"?*

MAX: *Ja, das heißt „für den Zahn". Die werden beim Kochen nicht pappig und haben noch Biss!*

Brötchen „Hack und Back" L F

4 Portionen

Zutaten:
2 Körnerbrötchen
150 g Hackfleisch
1 Ei
1 Päckchen Kräutermischung, tiefgekühlt
etwas Jodsalz und Pfeffer
½ Dose Mais
1 kleine Zwiebel
1 rote Paprika

Geräte:
Brotmesser
Schüssel
Gabel
Schneidebrett
Küchenmesser
Esslöffel
Dosenöffner
Backofen und Backblech
Backpapier

Schneide die Brötchen in zwei Hälften und zupfe den weichen Teig aus der Mitte.

Gib den weichen Brotteig mit dem Hack, dem Ei und den Kräutern in die Schüssel und verrühre alles mit der Gabel. Zum Abschmecken gibst du kleine Mengen Jodsalz und Pfeffer dazu. Gut umrühren. Öffne die Dose Mais, lass die Flüssigkeit abtropfen und gib die Hälfte des Inhaltes zum Hackgemisch.

Schäle die Zwiebel (am besten nass), schneide sie halb durch und lege sie auf die flache Seite. So kannst du sie mehrmals quer und längs schneiden. Gut festhalten. Die Zwiebel kommt zur Hackmischung.

Heize den Backofen auf 200° C vor.

Schneide die Paprika zuerst in zwei Hälften, entferne Stiel und Kerne und wasche sie danach. Versuche die Paprika in sehr kleine Stücke zu schneiden, die sich gut mit dem Hack vermischen lassen.

Verteile die Masse auf die vier Brötchenhälften. Setze die Brötchen auf ein Backblech mit Backpapier und schieb das Blech in die mittlere Schiene des Ofens. Nach etwa 25–30 Minuten sind die **Hackbrötchen** knusprig über**backen**.

Jakob: Ist Hackessen eigentlich gefährlich?
Max: Nur, wenn es nicht frisch ist.
Jakob: Du meinst also kaufen und essen am gleichen Tag.
Max: Das ist optimal. So soll es sein.

Quark-Kaiserschmarrn

4 Portionen

Zutaten:
3 Eier
100 g Mehl
100 ml Milch
125 g Quark (Magerquark)

2 EL Zucker
1 kleiner Apfel
ein paar Walnüsse
etwas Puderzucker

Geräte:
hohe Rührschüssel
Schüssel
Mixer
Messbecher
Esslöffel
Schneidebrett
Küchenmesser
große Pfanne
Pfannenwender
Backofen und Backblech
Backpapier

Trenne die Eier vorsichtig. Gib das Eiweiß in die sehr saubere, hohe Schüssel und das Eigelb in die andere Schüssel. Schlage das Eiweiß schaumig. Der Eischnee soll so steif sein, dass du die komplette Schüssel auf den Kopf stellen kannst und nichts heraustropft.

Gib Mehl, Milch, Quark und Zucker in die andere Schüssel mit dem Eigelb und verrühre alle Zutaten. Hebe den Eischnee langsam unter die Masse.

Schneide nun den Apfel und die Walnüsse möglichst klein, um sie ebenfalls unterzurühren.

Heize den Backofen auf 160° C vor, bevor du den Teig in die Pfanne gibst. Gieße etwas Öl in die große Pfanne und erhitze es auf mittlerer Stufe. Wenn das Öl heiß ist, gib die Masse in die Pfanne. Brate den Kaiserschmarrn nur für 3 Minuten an.

Lege den Kaiserschmarrn vorsichtig auf ein Backblech und lasse ihn für 20 Minuten im Ofen fertig garen. Den großen Fladen zerteilst du dann mit einem Küchenmesser in viele Stücke und nimmst beim Anrichten etwas Puderzucker zum Bestäuben.

Blitz-Brötchen

V F

ca. 12 Stück

Zutaten:
½ EL Margarine (10 g)
1 Ei
1 gestrichener TL Salz
250 g Magerquark
250 g Vollkornmehl
1 Päckchen Backpulver
¼ Becher Leitungswasser (ca. 60 ml)
1 TL Sonnenblumenkerne (10 g)

Geräte:
Rührschüssel
Esslöffel
Teelöffel
2 Becher
Kurzzeitwecker („Eieruhr")
Handrührgerät mit Knethaken
Backblech
Backpapier
Topflappen

Gib alle Zutaten in die Rührschüssel und vermische sie mit den Knethaken zu einem weichen, feuchten Teig. Leg das Backblech mit Backpapier aus.

Nimm ganz viel Mehl an die Hände und greife eine kleine Kugel aus dem Teig. Vorsichtig und von außen immer mit Mehl, drehst du daraus eine Kugel. Leg nach und nach alle Kugeln mit Abstand auf das Blech.

Heize den Backofen auf 200° C und schieb die Brötchen für 20–25 Minuten auf die mittlere Schiene. Dann hast du **blitz**artig eine Tüte **Brötchen** für dich und deine Freunde.

Jakob: Warum kann ich zwischendurch ganze Brötchen essen, wenn ich Hunger habe?

Max: Na, um fit zu bleiben! Wer beim kleinen Hunger zwischendurch lieber etwas Richtiges isst und dann gar keinen so großen Appetit auf Süßigkeiten und Kekse hat, der bleibt sportlich und aktiv.

Italienische Spieße V F (G)

etwa 15 Spieße

Zutaten:
500 g Kirschtomaten
1 Bund Basilikum
2 Packungen Mini-Mozzarella
3 EL Balsamico-Creme

Geräte:
Abtropfsieb
kleine Schüssel
Esslöffel
Schüssel
Teller
Schaschlikspieße

Wasch die Tomaten und das Basilikum. Zupfe die Blättchen ab. Gieß die Mozzarellakugeln ab und gib sie in eine kleine Schüssel.

Stecke auf die Spieße abwechselnd Basilikum, Tomaten und Mozzarellakugeln. Wenn alle Spieße auf dem Teller liegen, träufle die Balsamico-Creme darüber.

Pflaumenmus 100 % V L G

1 Marmeladenglas

Zutaten:
250 g getrocknete Pflaumen
200 ml Wasser
¼ Teelöffel Zimt
¼ Teelöffel gemahlene Vanille

Geräte:
Schneidebrett
Küchenmesser
hohes Gefäß
Pürierstab
Teelöffel
Einmach- oder Marmeladenglas

Schneide die Pflaumen in kleine Stücke und übergieße sie in einem hohen Gefäß mit dem Wasser. Lass die Pflaumen eine Nacht einweichen.

Püriere sie am nächsten Tag und schmecke sie mit den Gewürzen ab. Fülle das frische 100 %-Pflaumenmus in ein sauberes Marmeladenglas und stell es in den Kühlschrank. Dort hält es sich etwa 2–3 Wochen.

Einladung Fliegenpilz

Material:
weißes und rotes Papier
Schere
Klebstoff

Schneide einen Fliegenpilz aus doppelt gefaltetem weißem Papier aus. In den vorderen Teil schneidest du eine Tür. Den Pilzhut malst oder beklebst du rot mit weißen Pünktchen. Schreibe den Einladungstext in das Innere der Tür und klebe den Pilz zusammen.

Frühlingscreme

4 Portionen

Zutaten:
2 Frühlingszwiebeln
100 g Frischkäse
80 g Quark
1 Knoblauchzehe
Pfeffer
Salz
½ TL gehackter Thymian
½ TL Chilipulver

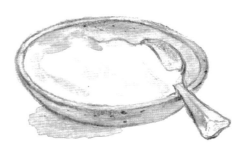

Geräte:
Küchenmesser
Schneidebrett
Schüssel
Knoblauchpresse

Wasche die Frühlingszwiebeln und schneide die Wurzeln und das obere Ende ab. Schneide die Frühlingszwiebeln in dünne Ringe und fülle sie in die Schüssel. Vermenge sie mit dem Frischkäse und Quark. Presse eine Knoblauchzehe in die Creme. Würze mit Pfeffer, Salz, Thymian und etwas Chilipulver. Rühre gut um.

 # Avocado-Dip

2 Portionen

Zutaten:
1 Avocado
1 EL Zitronensaft
1 Becher Joghurt
½ TL Salz

Geräte:
Esslöffel
Teelöffel
Schüssel
Gabel

Teile die Avocado in zwei Hälften und nimm vorsichtig den großen Stein heraus. Schabe mit einem Esslöffel das Avocadofleisch aus der Hülle und fülle es in eine Schüssel. Mit einer Gabel kannst du die Avocado zu einem Brei zerdrücken.

Gib Joghurt und Zitrone dazu und schmecke mit Salz ab.

Obst und Gemüse – echte Schätze!

Die vielen Sorten Obst und Gemüse sind fast wie kleine Apotheken, denn sie enthalten neben den wichtigen Ballaststoffen besonders viele Vitamine, Mineralstoffe und andere Pflanzenstoffe. Sie unterstützen im Körper unsere „Schutzpolizei", das Immunsystem, damit wir gesund bleiben. Die wertvollen Inhaltsstoffe der Früchte und Gemüsesorten tragen häufig zum Geruch, zur Farbe oder zum Geschmack bei. Wenn du es schaffst, täglich fünf Hände voll Gemüse oder Obst zu essen, hast du gut vorgesorgt.

Probiere gern auch einmal die etwas ungewöhnlicheren Gemüse- und Obstsorten aus. Wie z. B. Aubergine oder Schwarzwurzel. Eine Aubergine schmeckt gut als Scheiben, die in Öl gebraten werden. Schwarzwurzel eignet sich sehr gut für Eintöpfe.

Heiße Waffeln

12 Stück

Zutaten:
¼ Paket weiche Butter
4 EL Zucker oder Honig
1 Päckchen Vanillezucker
2 Eier
400 g Vollkornmehl
½ TL Zimt
1 Messerspitze gemahlene Nelken
1 TL Backpulver
1 Becher Vollmilch (250 ml)
1 Becher Wasser (250 ml)

Geräte:
Rührschüssel
Esslöffel
Teelöffel
Handrührgerät
Küchenmesser
Gabel
Becher
Waffeleisen
Backpinsel
kleine Schöpfkelle

In die Rührschüssel gibst du Butter, Zucker oder Honig, Vanillezucker und die Eier. Mit dem Handrührgerät wird alles kräftig vermischt. Dazu kommen Mehl, Zimt, Nelkenpulver, Backpulver und Milch. Wieder mit dem Mixer verrühren und das Wasser hinzufügem. Nach dem Verrühren darf der Teig nicht flüssig sein. Gib eventuell noch Mehl hinzu, bis der Teig wie Brei ist. Am besten lässt du den Teig 15 Minuten stehen. Mit dem Backpinsel und etwas Butter streichst du das Waffeleisen nur einmal vor dem ersten Backen ein. Wenn das Waffeleisen heiß ist, schöpfst du je nach Waffeleisen ein oder zwei Kellen Teig auf die Fläche. (Besser zu wenig als zu viel Teig!).

Wenn die **Waffel heiß** und goldbraun ist, kannst du sie mit einer Gabel herausnehmen. Öffne das Waffeleisen nicht zu früh und vor allem sehr vorsichtig.

ANNI: Stell dir vor, es ist draußen dunkel und stürmisch. Wir sitzen drinnen, trinken Tee und backen uns leckere Waffeln!

JAKOB: Oder: Es ist Sommer, Freunde kommen, die Sonne scheint und bei unserer Gartenparty backen wir knusprige Waffeln!

MAX: Hmmm. Bei solchen Gedanken knurrt mir gleich der Magen. Waffeln kann man einfach immer essen!

Joghurt „beerenstark" V G

6 Portionen

Zutaten:
1 großer Becher Joghurt 1,5 % Fett (500 g)
2 EL Zucker
250 g Beeren, frisch oder tiefgekühlt

Geräte:
Schüssel
Esslöffel
Abtropfsieb
Gabel und flacher Teller
oder
Pürierstab und hoher Becher

Fülle den Joghurt in eine Schüssel und verrühre ihn mit dem Zucker. Wenn du frische Beeren hast (Erdbeeren, Himbeeren), dann wasche sie, lass sie im Sieb gut abtropfen und schneide sie in kleine Stücke. Wenn du ein Paket tiefgekühlte

Beeren nimmst, dann lass sie im Sieb auftauen. Denn Saft kannst du trinken. Die Früchte zerdrückst du mit der Gabel auf einem flachen Teller oder zauberst in einem hohen Becher Beerenmus mit dem Pürierstab. Die Früchte rührst du vorsichtig unter den Joghurt. Schmecke den **beerenstarken Joghurt** selbst ab, ob er dir so schon süß genug ist. Sonst nimm noch einen halben Esslöffel Zucker nach.

MAX: Ich habe da noch eine tolle Idee für den Joghurt „beerenstark". Zu besonderen Anlässen wie Geburtstag oder Super-Sommer-Wetter kann man ihn eine Zeit lang – etwa zwei bis drei Stunden – ins Eisfach stellen, in Eiswaffeltüten einfüllen und dann wie ein Eis schlecken.

JAKOB: Super! Und kann ich davon dann so viel essen, wie ich will?

MAX: Ja, bis alle Waffeltüten verbraucht sind!

Wimpelkette

Material:
Bindfaden
farbiges Papier
Klebstoff
Schere

Vielleicht möchtest du eine kleine Feier gestalten? Um den Raum zu schmücken, kannst du einen Bindfaden von einer Seite zur anderen spannen. Aus farbigem Papier schneidest du gleich große Rauten aus. Diese faltest du einmal in der Mitte um, hängst sie über die Schnur und klebst die Spitzen aufeinander.

Erdbeeren – die Schönsten!

Im Sommer gibt es viele Früchte direkt aus deiner Umgebung. Vielleicht kommst du an einem Feld vorbei, auf dem du selber Erdbeeren pflücken darfst. Du kannst sie dann ganz frisch mit Milch essen, mit Gelierzucker zu Marmelade kochen oder Eis mit Joghurt selber herstellen. Für eine kurze Zeit gibt es Kirschen,

Himbeeren, Blaubeeren und Brombeeren. Johannisbeeren sind ungesüßt ziemlich sauer und werden oft für Grütze und Marmelade genommen. Wenn es bei dir in der Nähe einen Wochenmarkt gibt, lasse dich von den bunten Obstsorten zum Probieren verlocken.

Rosengirlande

Material:
Seidenpapier
Draht
Seil

Aus Seidenpapier kannst du leicht Rosen basteln und mit Draht an ein Seil spannen. Fasse die Mitte des Papierkreises an und ziehe den Rest des Papiers zu einer Blüte oder Knospe zusammen. Schneide grüne Blätter aus, um die Blüten zu verzieren.

Eiweiß – nicht nur im Ei!

Eiweiß ist der wichtigste Baustoff in unserem Körper und kommt in vielen verschiedenen Lebensmitteln vor. Ohne diesen Nährstoff hätten wir nicht mal die Kraft aufzustehen, denn unsere Muskeln bestehen aus viel Eiweiß. Auch das Herz ist ein Muskel. Unser Blut, die Haut, die Haare und alle anderen Organe sähen schnell ziemlich alt aus ohne eine regelmäßige Zufuhr von Eiweiß aus unserem Essen. Der Körper braucht jeden Tag Nachschub und deshalb sollten wir täglich eine Auswahl treffen aus Milchprodukten, Fisch, Fleisch, Ei oder Hülsenfrüchten wie Erbsen, Bohnen, Linsen oder Soja. Und auch Getreide und Kartoffeln versorgen uns mit Eiweiß. Eine möglichst vielseitige Kombination verschiedener Eiweißquellen ist besonders gut, wenn du zum Beispiel Kartoffeln mit Ei oder Bohnen mit Mais oder Hülsenfrüchte mit Getreide isst. So hat unsere „Körperfabrik" immer genug Baustoffe.

Zauberapfel

Material:
Apfelausstecher
Küchenmesser

Wasche einen Apfel gut unter warmem Wasser und trockne ihn ab. Mit dem Apfelausstecher versuchst du von oben vom Stiel bis unten zur Blüte durchzustechen. Wenn du keinen Ausstecher hast, dann kannst du das Kerngehäuse auch später herausschneiden. Mit dem spitzen Küchenmesser schneidest du jetzt seitlich eine Zick-Zack-Linie in den Apfel. Immer weiter herum, bis du wieder am Anfang ankommst. Wenn alles gut geschnitzt ist, dann kannst du den Apfel jetzt „zauberhaft" auseinandernehmen. Es sieht aus wie zwei Kronen!

JAKOB: Immer wieder Apfel, Apfel, Apfel! Meine Mutter hat wohl nichts anderes für die Schulpause.
MAX: Es gibt viele verschiedene Sorten, die ganz unterschiedlich duften und schmecken. Achte mal darauf.
JAKOB: Wirklich? Wo bekommt man die denn?
MAX: Am besten auf dem Markt oder beim Obst- und Gemüsehändler, der auch heimische Apfelsorten verkauft.

Obst-Spießchen

Material:
verschiedene Obstsorten
Holzspieße

Bereite Obst, das dir schmeckt, so vor, dass du es gut auf einen Holzspieß stecken kannst.

Je nach Jahreszeit hättest du dafür zum Beispiel:

Melonen, Ananas, Erdbeeren, Pfirsiche, Aprikosen, Weintrauben, Äpfel, Kiwis, Birnen, Mandarinen.

 # Saftige Mais-Rosinen-Fladen

18 Stück

Zutaten:
200 ml Milch
250 g Quark (20 % Fett i. Tr.)
5 EL Honig (100 g)
250 g Maismehl
1 Päckchen Backpulver
120 g Rosinen

Geräte:
Schüssel
Messbecher
Handrührgerät
Esslöffel
Ofen, 2 Backbleche
Backpapier

Verrühre Milch, Quark und Honig mit dem Handrührgerät. Gib dann das Mehl in die Schüssel und obendrauf das Backpulver. Rühre das Backpulver vorsichtig in das Maismehl, bevor du wieder das Handrührgerät nimmst, um alles zu vermischen. Jetzt noch die Rosinen einrühren und alles 10 Minuten quellen lassen. Setze mit einem Löffel kleine Haufen auf zwei mit Backpapier ausgelegte Backbleche. Backe die Fladen im vorgeheizten Ofen bei 160° C Umluft etwa 15 Minuten, bis sie goldbraun sind.

🔄❓ Milchprodukte – mal süß, mal salzig!

Um unsere Knochen hart und stabil zu machen, benötigen wir den Mineralstoff Calcium und der steckt besonders in Milchprodukten wie Milch, Joghurt, Quark oder Käse. Ebenfalls Calcium enthalten: Nüsse, Samen, vor allem Sesam, und grüne Gemüse, wie Brokkoli und Grünkohl, sowie calciumreiches Mineralwasser.

🔄❓ Was ist Laktoseintoleranz?

Milchzucker heißt auch Laktose. Wenn der Körper den Milchzucker nicht verdauen kann, dann verursachen Milch und Joghurt Bauchweh und Durchfall. Dann hilft nur, diese Lebensmittel und Speisen zu meiden. In Hart-, Weich- und Schnittkäse ist der Zucker weitgehend abgebaut, so dass Gerichte mit Käse in den meisten Fällen vertragen werden.

🔄❓ Nüsse und Samen – der Power-Snack!

Schon eine kleine Menge an Nüssen macht richtig gut satt. Sie enthalten viele Kalorien, aber auch viele gute Nährstoffe und zählen damit zu den gesunden Naschereien. Egal ob es Haselnüsse, Walnüsse, Mandeln, Makadamianüsse oder andere Sorten sind. Einige Pflanzen kann man als Saat essen, bevor sie keimen. Es gibt zum Beispiel Lein-, Chia-, Hanfsamen. Über einen Salat gestreut oder im Müsli liefern sie gesunde Fettsäuren und Ballaststoffe.

Trockenobst – bitte gut kauen!

Getrocknete Aprikosen, Dörrpflaumen, Apfelchips, Rosinen, Ananas- und Mangostücke oder geröstete Bananenscheiben schmecken als Knabberei zwischendurch auch mal sehr gut. Man merkt gut, wie viel süßer sie durch das Trocknen geworden sind.

Körner – klein und knackig!

In der Pfanne kannst du Pinien-, Sonnenblumen- oder Kürbiskerne ohne Fett anrösten. Sobald sie nussig duften und leicht braun werden, sind sie fertig. Du kannst sie über Salat, Müsli oder Suppe streuen oder einfach so knabbern.

Kräuter – kleine Blätter, viel Geschmack!

Mit frischen oder tiefgekühlten Kräutern kannst du das Essen ganz verschieden würzen. Wenn du es italienisch oder griechisch abschmecken möchtest, nimmst du Basilikum, Rosmarin, Thymian oder Oregano. Zu Kartoffeln schmeckt frische Petersilie sehr gut. Schnittlauchröllchen machen einen Kräuterquark pikant. Aus Zitronenmelisse und Quark kannst du mit frischem Obst schnell eine Quarkspeise mischen.

Kräftige Apfelpfannkuchen

10 Portionen

Zutaten:
Äpfel nach Geschmack
  (oder daraus Apfelmus machen)
400 g Vollkornmehl
6 Eier
1 Prise Salz
½ Liter Milch
¼ Liter Mineralwasser (evtl. etwas mehr wegen Vollkornmehl)
Rapsöl

Geräte:
Küchenmesser
Schneidebrett
Schüssel
Schneebesen
Suppenkelle
Pfanne
Pfannenwender

Schneide die Äpfel in kleine, feine Scheiben. Verrühre Mehl, Eier, Salz und Milch miteinander und lass es eine halbe Stunde stehen. Nun fügst du Mineralwasser hinzu und rührst um.

Erwärme das Öl in der Pfanne langsam bei mittlerer Hitze. Gib mit der Suppenkelle den Teig in die Pfanne, bis der Pfannenboden bedeckt ist, und lege die Apfelscheiben darauf. Brate den Pfannkuchen so lange, bis die Oberseite angetrocknet ist. Dann dreh ihn um, bis die andere Seite leicht gebräunt ist. Wichtig ist, dass spätestens nach jedem zweiten Pfannkuchen neues Öl in die Pfanne kommt.

Pudding plus Frucht

2–3 Portionen

Zutaten:
1 Becher Milch (250 ml)
1 Päckchen Vanillezucker
1 EL Zucker
3 EL Mais- oder Weizengrieß

½ Glas Heidelbeeren
2 TL Zucker
1 EL Zitronensaft

Geräte:
Becher
Topf
Schneebesen
Esslöffel
Teelöffel
2 Schüsseln
Sieb

Die Milch mit Vanillezucker und Zucker bringst du im Topf auf mittlerer Stufe unter Rühren zum Kochen. Wichtig ist, dass du aufpasst, damit die Milch nicht überkocht. Wenn die Milch am Rand viele Blasen bildet, gibst du den Maisgrieß (oder Weizengrieß) dazu. Jetzt gleichmäßig rühren. Lass den Pudding eine Minute auf niedriger Stufe blubbern. Nimm den Topf von der Herdplatte, gieß den Brei in eine Schüssel. So kann er abkühlen.

Für die Sauce gießt du den Saft von den Heidelbeeren ab, um ihn vielleicht später zu trinken. Leg das Sieb über die Schüssel und schütte die Beeren hinein. Jetzt streichst du sie mit der Rückseite des Esslöffels durch das Sieb.

Rühre Zucker und Zitronensaft hinzu, so entsteht die kräftig rote **Fruchtsauce zum Pudding**.

Pures Apfelmus

10 Portionen

Zutaten:
1,5 kg Äpfel
300 ml Wasser
3 EL Zitronensaft
Zimt oder Zucker

Geräte:
Topf
Schneidebrett
Küchenmesser
Pürierstab

Bereite die Äpfel vor: waschen, schälen, entkernen und in grobe Stücke schneiden. Gib sie mit dem Wasser in den Topf und sobald es kocht, noch etwa 10 Minuten weiterkochen. Rühre ab und zu um.

Gieß den Zitronensaft zu dem Brei und schmecke mit Zimt und Zucker ab. Manche Äpfel sind so süß, dass sie keinen Zucker mehr brauchen.

Paprika-Tomaten-Aufstrich

2 Gläser

Zutaten:
5 große Fleischtomaten
1 grüne Paprikaschote
1 große Zwiebel
1 Knoblauchzehe
1 EL Olivenöl

¼–½ Glas Wasser
Salz
Pfeffer
1 TL Gemüsebrühe, trocken
1 EL Essig
2 TL italienische Kräuter

Geräte:
Küchenmesser
Schneidebrett
Pfanne
Esslöffel
Teelöffel

Schneide die Tomaten nach dem Waschen klein und entferne den Strunk und die Kerne. Entkerne die Paprikaschote, wasch sie und schneide sie klein. Schäle und hacke die Zwiebel. Zieh den Knoblauch ab, aber schneide ihn nicht klein!

Brate die Zwiebelstückchen in einer Pfanne mit Olivenöl an. Gib die ganze Knoblauchzehe, die Paprika- und Tomatenwürfel hinzu, um alles zusammen zu schmoren. Die Masse darf ein bisschen am Pfannenboden ansetzen, so dass sich Röstaromen bilden. Achtung: Nicht anbrennen lassen!

Anschließend löschst du mit etwas Wasser ab. Das Ganze so lange schmoren lassen, bis die gewünschte Cremigkeit erreicht ist. Schmecke jetzt mit Essig, Gemüsebrühe, Salz und Pfeffer und den italienischen Kräutern ab.

Vor dem Abfüllen in zwei saubere Schraubgläser kann die Knoblauchzehe entfernt werden, muss aber nicht. Tipp: Kann auch als Dip und warm als Sauce verwendet werden.

Tomaten-Mozzarella-Caprese V F

6 Portionen

Zutaten:
1 Baguette
3 große Tomaten
2 EL Olivenöl
Salz und Pfeffer
1 Mozzarella
ein paar Blätter Basilikum
Salz und Pfeffer

Geräte:
Küchenmesser
Schneidebrett
Pinsel
Backblech und Backpapier

Schneide das Baguette in 2 cm dicke Scheiben, um dann eine Seite mit Olivenöl zu bestreichen.

Wasch die Tomaten und schneide sie in Scheiben. Würze sie, indem du eine Prise Salz und Pfeffer darüberstreust. Schneide den Mozzarella ebenfalls in Scheiben.

Heize den Ofen auf 180° C vor. Schichte nun auf die Baguettescheibe erst die Tomatenscheiben und dann eine Mozzarellascheibe. Die Baguettescheiben kommen für 20 Minuten in den Backofen und werden etwas geröstet. Dekoriere die Brote mit einem Basilikumblatt.

Am besten schmeckt das Tomaten-Mozzarella-Caprese lauwarm.

Gemüse-Sticks mit bunten Dips

4 Portionen

Zutaten:
250 g Quark (20 % Fett i. Tr.)
1 EL Tomatenketchup
1 TL mittelscharfer Senf
2 EL Kräutermischung, tiefgekühlt
½ TL Zucker
Kräutersalz
Pfeffer

verschiedene Gemüsesorten:
1 Paprika
1 Gurke
1 Kohlrabi
2 Möhren

Geräte:
3 Schälchen
Esslöffel
Teelöffel
Schneidebrett
Küchenmesser
Sparschäler

Verteile den Quark auf die drei Schälchen. Rühre in der ersten Schüssel den Tomatenketchup unter. Vermische in der zweiten Schüssel den Senf mit dem Quark.

In der dritten Schüssel entsteht der Kräuter-Dip, wenn du Kräutermischung und etwas Zucker einrührst.

Schmecke nun alle Dips mit etwas Kräuter-Jodsalz und Pfeffer ab.

Das Gemüse muss zuerst geputzt werden. Das heißt, alles nicht Essbare wird abgeschnitten. Dann wasche es schnell und gründlich. Zerschneide das Gemüse in Sticks (längliche Stücke), die gut anzufassen sind, um sie in die Dips zu tauchen und abzubeißen. Dazu passt Vollkornbrot.

Anni: Was ist denn das da?
Max: Das sind Knabbersachen.
Jakob: Knabbersachen? Ich sehe nur Gemüse!
Max: Ja, lecker gedippt und knackig gekracht. Schon ausprobiert?

Fleisch, Fisch, Ei – Gutes vom Tier!

Das Eiweiß von Fleisch, Fisch und Eiern ist besonders hochwertig und kann direkt in Körpereiweiß umgebaut werden. Für unser Blut benötigen wir Eisen, das besonders viel im Fleisch vorkommt. Fleisch, Fisch und Ei sind eine wichtige Quelle zum Beispiel für das Vitamin B12. Um gut versorgt zu sein, reichen 2–3 Fleischmahlzeiten pro Woche. Durch Fischgerichte bekommen wir außerdem Jod, das die Schilddrüse dringend braucht. Daher lautet die Empfehlung, einmal pro Woche Fisch zu essen. Das kann abwechselnd magerer Seelachs, Rotbarsch oder auch fettreicher Lachs, Thunfisch oder Hering sein.

Nicht Fleisch, nicht Fisch – Gutes aus Pflanzen!

Wer auf Fleisch und Fisch ganz oder überwiegend verzichtet, nutzt dafür mehr Getreide (vor allem Hafer und Hirse) und Hülsenfrüchte (Soja, Erbsen, Bohnen, Linsen). In der Kombination mit Obst und Gemüse wird durch das Vitamin C auch das Eisen aus pflanzlichen Lebensmitteln gut genutzt. Jod steckt außer im Fisch auch in Milchprodukten. Bei jodreichen Algen aber Vorsicht mit der Menge!

Starker Bananen-Quark v

4 Portionen

Zutaten:
2 reife Bananen
1 Packung Magerquark (250 g)
2 EL Milch
2 EL Zitronensaft
4 EL Schlagsahne
5 EL gemahlene oder gehackte Haselnüsse

Geräte:
flacher Teller
Gabel
Schüssel
Esslöffel

Auf dem flachen Teller zerdrückst du die beiden Bananen, bis Mus entsteht. Fülle das Bananenmus in die Schüssel. Gib Quark, Milch und Zitronensaft dazu, rühre alles vorsichtig um.

Jetzt kannst du die flüssige Schlagsahne zur Creme geben. Zum Schluss streust du drei Esslöffel Haselnüsse in die Schüssel und rührst um. Die anderen zwei Esslöffel kommen als Verzierung oben auf den **starken Bananen-Quark**.

ANNI: *Quarkspeise kenne ich nur als Nachtisch!*
MAX: *Bei uns zuhause gibt es Quarkspeise oft zwischendurch für den kleinen Hunger.*
ANNI: *In eine Dose gefüllt könnte ich sie richtig gut zur Schule mitnehmen.*

Getreide und Kartoffeln – gute Sattmacher!

Die Kohlenhydrate aus Getreide und Kartoffeln sind Energielieferanten für unseren Körper. Vor allem die in Vollkornprodukten enthaltenen Ballaststoffe sorgen dafür, dass wir langsamer verdauen und längerfristig satt sind. Außerdem sind sie wie eine Putzkolonne für den Darm und halten ihn sauber und gesund. Es ist gut, wenn wir vier Portionen Getreideprodukte oder Kartoffeln am Tag essen, denn neben der Energie liefern sie auch Vitamine und Mineralstoffe.

 # Bananen

Die gelben Früchte mit der praktischen Naturverpackung sind – wie alle Obstsorten – durch ihren Vitamin- und Mineralstoffgehalt sehr gesund. Die Banane ist eine perfekte Zwischenmahlzeit. Warum ist die Banane krumm? Bananen wachsen in Büscheln an einer Staude zur Sonne hin nach oben.

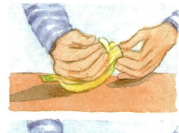

Eine Banane lässt sich auch gut von der Seite öffnen, an der nicht der Stengelansatz ist.

Bananen-Kiwi-Sticks

Material:
Bananen
Kiwi
Holzspieße

Stecke abwechselnd Bananen- und Kiwistücke auf einen Holzspieß. Das ist eine erfrischende Mischung aus süß und sauer.

Großer Obst-Spaß V L G

10 Portionen

Zutaten:
1 Apfel
1 Birne
½ Honigmelone
1 Orange
1 Banane
ein paar Weintrauben
½ Glas Orangensaft

Geräte:
Küchenmesser
Schneidebrett
Schüssel
Glas

Entferne bei Apfel und Birne das Kerngehäuse. Kratze bei der Melone die Kerne heraus und schneide große Stücke, die du schälen kannst. Schäle die Orange und die Banane von Hand. Wasche die Weintrauben und löse sie von den Stielen.

Schneide das Obst in kleine Stücke und mische diese in einer Schüssel. Gieße den Orangensaft darüber. Nun soll der Obstsalat ein wenig ruhen. Man nennt das „durchziehen".

Wer möchte, kann noch frische Ananas und im Sommer Erdbeeren, Blaubeeren, Rote Johannisbeeren, Brombeeren und viele andere Obstsorten zufügen.

 # Apfel-Zimt-Traum

4 Portionen

Zutaten:
1 Packung Quark, 20 % Fett i. Tr. (250 g)
1 Becher Joghurt (150 g)
3 TL Zucker
1 EL Zitronensaft
½ TL Zimt
4 kleine Äpfel (oder 2 große Äpfel)

Geräte:
Schüssel
Teelöffel
Esslöffel
Sparschäler
Reibe

Gib Quark, Joghurt, Zucker, Zitronensaft und Zimt in die Schüssel und verrühre die Zutaten.

Schäle die Äpfel mit dem Sparschäler. Lege die Reibe über die Schüssel. Wenn du den geschälten Apfel zwischen Stiel und Blüte in die Hand nimmst, kannst du ihn von allen Seiten auf der Reibe bearbeiten, so dass nur noch das Kerngehäuse übrig bleibt.

Einmal gut verrühren und fertig ist der **Apfel-Zimt-Traum**.

JAKOB: *Neulich ist mein geriebener Apfel ganz braun geworden. Ist er dann noch gut?*

MAX: Klar, sieht allerdings nicht mehr so schön aus. Am besten verrührst du den Apfel sofort mit dem Quark.
ANNI: Oder Zitrone darüber – das soll auch gehen.

Kohlenhydrate – Energie für Kopf und Körper

Mehl, Stärke und Zucker – die Kohlenhydrate haben nichts mit Kohlen zu tun. Nur insofern, dass sie uns Kraft und Energie liefern. Kohlenhydrate stabilisieren außerdem Knochen, Sehnen und Bindegewebe, sind Bestandteil des Blutes und unser Gehirn arbeitet nicht ohne sie. Manche Kohlenhydrate schmecken süß. Sie begegnen uns als weißer oder brauner Zucker in Süßspeisen und Kuchen, als Milchzucker in der Milch oder Trauben- und Fruchtzucker im Obst. Nicht süß schmecken dagegen die „großen" Kohlenhydrate. Als Stärke im Mehl kommen sie in Brot, Getreide, Nudeln, aber auch in Kartoffeln und ein bisschen im Gemüse vor.

Zucker – mal offen, mal versteckt!

Durch die leicht süße Muttermilch sind wir als Babys an Süßes gewöhnt. Das war ganz früher ein echter Überlebensvorteil, denn es gibt keine süßen Lebensmittel, die giftig sind. Durch das große Lebensmittelangebot essen heute viele Menschen zu viel Zucker, so dass manche davon dick werden. Leider steckt Zucker nicht nur in Süßigkeiten, Eis und Kuchen, sondern ist auch in anderen Lebensmitteln wie beispielsweise in Getränken, Fruchtjoghurts oder Ketchup versteckt. Etwas Süßes schadet nicht. Am Tag ist ein gutes Maß für Süßigkeiten und Knabbereien gerade so viel, wie in die eigene Hand passt.

Fruchtzuckerunverträglichkeit – wann Obst schadet!

Wer unter einer Fruchtzuckerunverträglichkeit leidet, muss auf größere Mengen an Obst, Trockenfrüchten und süßen Lebensmitteln verzichten. Weil der Fruchtzucker im Dünndarm nicht aufgenommen wird, verursacht er Bauchweh, Blähungen und Verdauungsstörungen.

Getränke – Durst löschen oder Besonderes genießen!

Zu den Mahlzeiten und zwischendurch löschen Leitungs- und Mineralwasser, Tee oder Saft-Schorle wunderbar den Durst. Obwohl Milch getrunken werden kann, ist sie kein Durstlöscher, sondern eine kleine Mahlzeit, die auch satt macht. Ebenso wertvoll und zum Genießen gedacht sind die verschiedenen Mixgetränke, die nach Rezept oder frei nach eigenen Ideen gemischt werden können.

Erinnerungs-Sticks

Material:
Holzstäbe
selbst gemachte Knete
oder Modelliermasse

Um die Gläser der Gäste zu unterscheiden, kannst du an Holzstäbe selbst gebastelte Früchte stecken. Entweder du benutzt dazu die selbst hergestellte Knete oder Modelliermasse aus dem Bastelgeschäft. Wenn diese Masse weiß und hart ist, kannst du sie mit Wasserfarben anmalen.

Frucht in Milch

4 Portionen

Zutaten:
1 kleine Banane
1 Tasse Himbeeren oder Erdbeeren (100 g)
500 ml kalte Milch (1,5 % Fett)

Geräte:
Küchenmesser
Schneidebrett
hohes Gefäß
Messbecher
Pürierstab

Schäle die Banane und schneide sie in kleine Stücke. Gib die Himbeeren oder Erdbeeren gewaschen dazu. Gieß die Milch auf und püriere alles zusammen.

Vitamin-Lassi

2 Portionen

Zutaten:
200 g Joghurt (1,5 % Fett)
200 ml Wasser
3 EL Sanddornsaft
1 TL Honig

Geräte:
Mixer

Alle Zutaten in einen Mixer geben und gut verquirlen.

Echte Schokomilch

2 Portionen

Zutaten:
2 Gläser (400 ml) Milch (1,5 % Fett)
2 TL reines Back-Kakaopulver
1 TL Zucker

Geräte:
Topf
Teelöffel
Schneebesen

Erhitze zuerst die Milch. Vermische das Kakaopulver mit dem Zucker und gib ein bisschen kalte Milch dazu, rühre die Mischung dann mit einem Schneebesen in die warme Milch ein.

 # Zitronengras-Roibusch-Tee

1 Kanne

Zutaten:
1 l Wasser
1 EL Lemongras/Zitronengras kleingehackt
1 EL Rooibos-Tee

Geräte:
Teefilter
Teekanne

Gib Lemongras und Rooibos in einem Teefilter in eine Teekanne und übergieß beides mit heißem Wasser. Lass den Tee 6 Minuten ziehen.

Wintertee

1 Kanne

Zutaten:
1 l Wasser
5 Scheiben Ingwer
Saft einer halben Zitrone
1 EL Zucker oder Honig

Geräte:
Küchenmesser
Schneidebrett
Zitronenpresse
Teekanne

Schäle den Ingwer und presse die Zitrone aus. Gib alles in eine Teekanne, übergieße es mit heißem Wasser. Süße mit Zucker oder Honig und lass den Tee 8 Minuten ziehen.

Eis & Tee

6 Portionen

Zutaten:
2 EL Lemongras
500 ml heißes Waser
500 ml Mineralwasser
100 ml Apfelsaft

Geräte:
Wasserkocher
eine große Teekanne
Teefilter
Messbecher

Gib das Lemongras in einen Teefilter und übergieße es mit heißem Wasser. Lass es 8 Minuten ziehen. Entferne den Teefilter und lass den Tee abkühlen. Fülle die Kanne mit dem Mineralwasser und dem Apfelsaft auf.

Orangen-Smoothie mit Ingwernote   v G

4 Portionen

Zutaten:
2 Orangen
1 Banane
2 Stückchen frischer Ingwer (haselnussgroß)
300 ml Milch (1,5 % Fett) oder Sojamilch

Geräte:
Küchenmesser
Schneidebrett
Pürierstab
Rührbecher

Schäle die Orangen und schneide sie in Scheiben. Dasselbe machst du mit der Banane und dem Ingwer. Püriere die Orangenstücke, Bananen und Ingwerstücke mit der Milch in einem großen Rührbecher.

Hausgemachte Zitronenlimo

V L G

6 Portionen

Zutaten:
1 l Wasser mit Kohlensäure
2 Zitronen
2 gehäufte EL Zucker
nach Belieben frische
Pfefferminze oder Basilikumblätter

Geräte:
Krug
Zitronenpresse
Rührlöffel

Füll das Wasser in einen Krug. Press die Zitronen kräftig aus. Gib den Saft in den Krug und rühre den Zucker dazu. Sauer macht lustig! Nun rühre kräftig um, bis der Zucker sich gelöst hat. Du kannst nun noch frische Pfefferminz- oder Basilikumblätter hinzugeben.

Gefülltes Ei

Material:
Topf
Ei
Küchenmesser
Teelöffel
Gabel
Crème fraîche
Paprika
Salz und Currypulver

Koche ein Hühnerei 10 Minuten und pell es nach dem Abkühlen. Schneide den oberen Teil des Eies vorsichtig ab. Nimm das Eigelb mit dem Teelöffel heraus und zerdrücke es mit ein wenig Crème fraîche, feinen Paprikastückchen, etwas Salz und Currypulver. Schneide das Ei unten flach ab und stell es auf einen Teller. Nun fülle die Creme ein und lege den Deckel schräg darauf.

Kleiner Schneemann

Material:
Karotte
Sparschäler
Küchenmesser
Zahnstocher
Mozzarellakugeln
Pfefferkörner

Schneide von einer rohen, geschälten Karotte zwei Scheiben ab. Die eine Scheibe schneidest du rundherum etwas kleiner. Aus einer weiteren Karottenscheibe schnitzt du ein Dreieck heraus. Nimm nun einen Zahnstocher und spieße zwei kleine Mozzarellakugeln auf. Darüber steckst du die größere und dann die kleinere Karottenscheibe als Hut. Lege den kleinen Schneemann in eine Schüssel und stecke ihm Augen und Knöpfe in Form von kleinen Pfefferkörnern in Kopf und Bauch. Das Dreieck wird die Nase.

Grundmengen-Angaben

1 gehäufter Esslöffel Mehl = 25 g
1 gehäufter Esslöffel Zucker = 20 g
1 gestrichener Teelöffel Salz = 5 g

1 gestrichener Esslöffel Margarine/Butter = 10 g
1 gestrichener Teelöffel Margarine/Butter = 5 g
1 Esslöffel Öl = 12 g

1 Esslöffel Milch = 10 g
1 Esslöffel Quark = 30 g
1 Teelöffel Crème fraîche = 10 g

1 Esslöffel Müsli = 10 g
1 Esslöffel Nüsse, gehackt = 10 g
1 Esslöffel Sonnenblumenkerne = 10 g

1 gestrichener Teelöffel Backpulver = 5 g
1 Teelöffel Senf = 10 g
1 Teelöffel Tomatenmark = 10 g

Energiedichte – der neutrale Bewertungsmaßstab!

Die Angabe der Energiedichte in Brennwert (= Kalorien, kcal) je 100 g Lebensmittel oder fertiger Speise ermöglicht bei der Bewertung zu entscheiden, ob es sich um „leichte Kost" oder echte „Kalorienbomben" handelt. Wenn reichlich Lebensmittel zur Verfügung stehen, ist es nicht immer leicht, die richtige Auswahl und das richtige Maß zu finden. Die Deutsche Gesellschaft für Ernährung empfiehlt deswegen unter anderem den überwiegenden Verzehr von Speisen, die unter 225 kcal pro 100 g liegen. Auch diese Speisen lassen sich mit allen Sinnen genießen, füllen den Magen und machen angenehm satt.

Alle Rezepte in diesem Buch sind von der Zentrale für Ernährungsberatung e. V. ausgewählt und berechnet. Sie weisen eine geringe und mittlere Energiedichte auf (s. Tabelle S. 90 f.).

Nährwerttabelle

Seiten-zahl	Gericht	Porti-onen	Energie (kcal/100 g)	Protein (g/100 g)	Fette (g/100 g)	Kohlen-hydrate (g/100 g)	Ballast-stoffe (g/100 g)	Zucker (g/100 g)	vege-tarisch	Allergien Unverträg-lichkeit
6	Fix-Knusper-Müsli	2	147	3,8	3,9	23,5	2,7	12,0	V	
7	Flocken-Smoothie	2	70	1,1	0,4	13,9	1,8	11,1	V	L
8	Cremiges Frucht-Frühstück	2	102	2,7	1,9	17,1	2,1	10,1	V	
9	Quarkendes Fladenbrot	2	126	5,2	2,0	20,2	2,2	2,4	V	F
12	Radieschen-Käse-Korny	2	192	9,1	9,2	16,5	3,4	1,3	V	F
13	Schnelles Sandwich	2	128	7,3	3,8	15,1	1,6	2,9	(V)	F
14	Frucht und Korn	2	164	3,5	3,8	26,5	4,3	11,0	V	L
15	Ampel-Brot	2	134	6,3	5,6	12,9	3,3	3,1	V	L F
16	Schneller Salat-Mix	4	112	4,0	5,3	9,7	4,0	2,0	V	L F G
17	Sattmacher-Nudel-Salat	4	127	5,1	5,1	13,4	3,0	1,7		L F
19	Couscous-Salat mit Feta	4	147	4,5	6,5	16,1	2,1	1,9	V	F
21	Feldsalat mit Pflaume	4	119	2,2	6,1	12,8	1,9	12,2	V	F G
22	Weißer Salat mit Apfel	4	144	2,1	10,5	9,8	1,4	9,4	V	L G
25	Wrap mit Pepp	4	172	4,7	7,0	21,5	1,4	2,3		F G
29	Knackiger Eisberg Möhre/Apfel	4	50	1,4	0,5	8,8	1,5	8,3	V	F G
31	Roter Quinoa-Salat	6	109	2,3	6,0	10,4	2,0	1,9	V	L F G
32	Gelber Kartoffelsalat	4	108	3,1	5,5	10,5	1,3	1,7	V	F (G)
34	Kürbissuppe	10	64	0,9	4,9	3,5	1,1	2,5	V	F G
36	Fantasie-Pizza	10	197	10,4	8,7	17,6	3,1	2,4		
37	Schnippel-Eintopf	6	90	2,9	4,3	8,7	1,9	2,5		F
38	Räuber-Kartoffel-Auflauf	6	95	4,3	4,3	8,6	1,4	1,4	V	F G
40	Tolle Knolle mit Tzatziki	4	70	4,5	1,5	9,0	0,7	1,9	V	F G
41	Zucchinicremesuppe	10	60	1,2	5,2	1,8	0,7	1,6	V	F G
42	Porree-Schinken-Quiche	4	167	8,6	8,1	14,0	1,7	2,2		F
45	Fisch im Grünen	4	78	6,3	2,7	5,9	1,1	0,7		F G
47	Knusper-Schnitzel mit grünem Mus	4	131	8,8	6,9	7,2	1,9	1,3		L F
49	Kartoffel-Kohlrabi-Gratin	6	107	3,2	7,6	12,2	1,1	2,4	V	F G
51	Überbackene Kartoffel-Spalten	2	99	1,9	2,9	15,1	1,2	0,7	V	L F G
52	Nudeln rot/weiß	10	113	3,8	2,5	17,4	2,0	1,8	V	L F
54	Brötchen „Hack und Back"	4	153	9,3	6,4	13,2	2,4	2,9		L F
55	Quark-Kaiserschmarrn	4	171	8,1	5,8	20,5	0,9	9,5	V	

Seiten-zahl	Gericht	Porti-onen	Energie (kcal/100 g)	Protein (g/100 g)	Fette (g/100 g)	Kohlen-hydrate (g/100 g)	Ballast-stoffe (g/100 g)	Zucker (g/100 g)	vege-tarisch	Allergien Unverträg-lichkeit
57	Blitz-Brötchen	12 St.	192	10,5	4,2	25,5	0,4	2,5	V	F
58	Italienische Spieße	15 St.	77	4,4	4,6	3,6	0,9	3,2	V	F (G)
59	Pflaumenmus 100 %	1 Glas	140	1,3	0,3	26,4	9,9	22,7	V	L G
60	Frühlingscreme	4	182	9,8	13,7	4,4	0,7	3,8	V	F G
60	Avocado-Dip	8	99	2,2	7,8	3,9	2,4	2,6	V	F G
62	Heiße Waffeln	6	195	5,8	6,8	27,6	3,5	7,2	V	F
63	Joghurt „beerenstark"	6	63	2,5	1,1	9,6	0,6	9,6	V	G
67	Saftige Mais-Rosinen-Fladen	8	197	7,1	2,7	33,4	3,2	15,3	V	G
70	Kräftige Apfel-pfannkuchen	10	143	5,7	5,3	16,7	2,5	3,9	V	
71	Pudding plus Frucht	2	108	2,8	1,1	20,4	1,7	15,0	V	(Maisgrieß = G)
72	Pures Apfelmus	10	54	0,3	0,1	11,9	1,7	10,9	V	L G
72	Paprika-Tomaten-Aufstrich	2 Gläser	34	0,9	1,7	2,8	1,3	2,5	V	L F G
74	Tomaten-Mozzarella-Caprese	6	163	6,3	5,6	20,5	1,8	2,9	V	F
75	Gemüse-Sticks mit bunten Dips	4	47	3,9	1,3	3,9	1,3	3,8	V	F G
77	Starker Bananen-Quark	4	160	8,3	8,9	10,1	2,0	8,5	V	G
79	Großer Obst-Spaß	10	61	0,8	0,2	13,0	1,6	12,1	V	L G
80	Apfel-Zimt-Traum	4	82	4,6	1,9	10,5	1,0	9,9	V	G
83	Frucht in Milch	4	54	2,7	1,2	7,1	0,8	6,7	V	G
83	Vitamin-Lassi	4	32	1,7	0,9	3,4	0,0	3,7	V	G
84	Echte Schokomilch	2	81	3,6	3,8	7,7	0,5	7,7	V	F G
84	Zitronengras-Roibusch-Tee	4	2	0,0	0,0	0,2	0,6	0	V	L F G
85	Wintertee	4	9	0,7	0,5	1,7	0,1	1,7	V	L G
85	Eis & Tee	6	5	0,0	0,0	1,2	0,0	1,1	V	L G
86	Orangen-Smoothie mit Ingwernote	4	57	2,0	0,8	9,2	1,3	8,7	V	G
87	Hausgemachte Zitronenlimo	6	18	0,0	0,0	3,8	0,0	3,6	V	L G

V vegetarisch L laktosefrei F fruktosefrei G glutenfrei

Saisonkalender

Früchte	J	F	M	A	M	J	J	A	S	O	N	D
Apfel	•	•	•	•	•	•	•	•	•	•	•	•
Aprikose							•	•				
Birne	•	•	•	•				•	•	•		
Brombeere							•	•				
Erdbeere					•	•	•	•	•			
Heidelbeere							•	•				
Himbeere						•	•	•				
Johannisbeere						•	•	•				
Kirsche						•	•	•				
Mirabelle							•	•				
Pfirsich							•	•				
Pflaume/Zwetschge							•	•	•	•		
Stachelbeere						•	•	•				
Weintraube								•	•			

Salate	J	F	M	A	M	J	J	A	S	O	N	D
bunte Salate					•	•	•	•	•	•		
Eisbergsalat					•	•	•	•	•	•		
Endiviensalat									•	•		
Feldsalat	•	•	•						•	•	•	
Kopfsalat					•	•	•	•	•			
Romanasalat					•	•	•	•	•			
Rucola (Rauke)				•	•	•	•	•	•	•		

Gemüse	J	F	M	A	M	J	J	A	S	O	N	D
Blumenkohl						•	•	•	•	•		
Bohne							•	•	•			
Brokkoli						•	•	•	•	•		
Champignon						•	•	•	•	•	•	
Chinakohl	•	•					•	•	•	•	•	•
Erbse						•	•	•				
Fenchel						•	•	•	•			
Frühlingszwiebel					•	•	•	•	•			
Grünkohl	•									•	•	•
Gurke					•	•	•	•	•	•		
Karotte/Möhre	•	•	•			•	•	•	•	•	•	•
Kohlrabi					•	•	•	•	•			
Kürbis	•	•							•	•	•	•
Lauch/Porree	•	•	•	•				•	•	•	•	•
Mangold							•	•	•	•		
Paprika							•	•	•			
Pastinake	•	•	•							•	•	•
Radieschen				•	•	•	•	•	•			
Rettich					•	•	•	•	•			
Rhabarber				•	•							
Rosenkohl	•									•	•	•
Rote Bete	•	•	•	•				•	•	•	•	•
Rotkohl	•	•	•	•	•			•	•	•	•	•
Schwarzwurzel	•	•								•	•	•
Sellerie (Knolle)	•	•	•			•	•	•	•	•	•	•
Spargel				•	•							
Spinat				•	•	•		•	•	•	•	
Tomate							•	•	•			
Topinambur										•	•	•
Weißkohl	•	•	•	•	•		•	•	•	•	•	•
Wirsing	•	•	•	•	•			•	•	•	•	•
Zucchini							•	•	•			
Zucker-/Gemüsemais								•	•			
Zwiebel	•	•	•	•	•	•	•	•	•	•	•	•

● Hauptsaison im heimischen Anbau   • gelagerte Ware

Zentrale für Ernährungsberatung e. V.

Die Zentrale für Ernährungsberatung an der Hochschule für Angewandte Wissenschaften Hamburg e. V. ist ein gemeinnütziger Verein, dessen Mitglieder sich seit 1998 um die Förderung des gesunden Essverhaltens bemühen. Über die Zeit hat sich eine breit gefächerte Expertise entwickelt, die von Fortbildungen zur Verpflegung in Kitas über Ernährungsbildung in Ganztagsschulen bis zur Beratung von Familien mit über- und untergewichtigen Kindern reicht.

Zu dem Netzwerk aus über 90 Ökotrophologinnen und Ökotrophologen sowie Studierenden der Ökotrophologie gehören auch die Autorinnen:

v.l.n.r.:
cand. oec. troph. Inga Garbelmann
Dipl. oec. troph. Ute Hantelmann
cand. oec. troph. Alina Villavicencio
cand. oec. troph. Stina Bleich
Dipl. oec. troph. Anna Dubas-Tietjens
Dipl. oec. troph. Janina Klein

www.zeb-hh.de

Anne C. Wenzel
Diplom-Grafikerin

Den Alltag etwas farbiger zu gestalten, das ist mein Metier. Meine Designs und Illustrationen entfalten mit Vorliebe auf Gegenständen des täglichen Lebens ihre Poesie.

Die Details meiner Bilderwelten sind es, die das Hingucken für den Betrachter zu einem kleinen Erlebnis machen. Unverwechselbar, farbenfroh und mit verschmitztem Humor – so sind meine Illustrationen, die Sie auf Stickern, auf Karten und Geschenkpapieren genauso wie als Vignetten für Zeitschriften und im Lehrmittelbereich finden.

Als Diplom-Grafikerin arbeitete ich zehn Jahre lang in renommierten Werbeagenturen. Seit mehreren Jahren konzentriere ich mich ganz auf meine kleinen und großen Motivwelten, die Menschen aller Generationen ein Lächeln auf die Lippen zaubern. Wenn Sie für Buchillustrationen, Kalender oder Gemälde Inspirationen suchen, freue ich mich sehr auf Ihre Nachricht.

www.wenzel-anne.de

Neben der **Edition Dreieck** finden Sie im J. Ch. Mellinger Verlag noch zahlreiche andere Titel, die Ihnen helfen können, Ihre Arbeit zu gestalten. Hier ist eine kleine Auswahl, aus der Sie gerne bestellen können:

Unsere Tiere auf dem Bauernhof
Gemalt von Anne C. Wenzel
Best.Nr: 468, 12 Seiten, unzerreißbarer Pappband, 9,95 €, 15,7 × 19 cm
ab dem ersten Kindesalter

Ein Pappbilderbuch für die Kleinsten mit liebevoll gemalten Bildern rund um den Bauernhof mit seinen Tieren. Ohne Text.

Widewidewenne
Gemalt v. Anne C. Wenzel
Text u. Melodie: Volkslied
Best.Nr. 466, 22 Seiten, Hardcover, 9,95 €, 14,9 × 21,8 cm

Die wunderschönen, detailgetreuen Bilder runden das bekannte Volkslied auf schöne Weise ab.
   Die Geschichte handelt von einer Bauersfrau, die ihren Hof vorstellt: all ihre Tiere die auf und um den Hof herum leben, ihren Mann und ihr Kind, ja sogar der Knecht und die Magd.
   Mit Noten zum Singen des Volkslieds.

Zwerg Helferich
Gemalt und erzählt von Gerda Nording-Schröter
Best.Nr. 427, 16 Seiten, Softcover, 2,95 €, 10 × 15 cm

Zwerg Helferich ist der Doktor im Wald und hilft den unterschiedlichen Waldbewohnern. Als der erste Schnee fällt, hat er keine Medizin mehr und seine Schuhe haben Löcher. Doch ein heimlicher Wohltäter hilft ihm …

Erste Märchen
Gemalt von Ruth Elsässer
Best.Nr. 356, 80 Seiten, Hardcover, 15,50 €, 21,5 × 13,5 cm

12 bebilderte Märchen der Gebrüder Grimm für das erste Märchenalter
Die erfahrene Kindergärtnerin hat für das erste Kinder-Märchenalter zwölf Märchen der Brüder Grimm ausgesucht und bebildert, die das Kind auf dem Weg der Märchen ins Leben hineinführen. Durch die Bilderwelt der Volksmärchen kann das Kind Schritt für Schritt in das Leben hineinwachsen. Der Erwachsene nimmt es dann in dem Geschehen der Märchen gleichsam an die Hand und geleitet es behutsam in das Erdendasein

Schauen Sie auch in unseren Webshop: www.*mellingerverlag.de* oder *editiondreieck.de*
oder in das wachsende Online-Sortiment von: *heidehofbuchhandlung.de*

Bestellen Sie per Post, Fax, E-Mail oder im Shop: www.mellingerverlag.de

☐ 468 Unsere Tiere auf dem Bauernhof   ☐ 427 Zwerg Helferich
☐ 466 Widewidewenne   ☐ 356 Erste Märchen

Ihre Adresse für Ihre Bestellung per Post an Edition Dreieck, Burgholzstr. 25, 70376 Stuttgart oder Fax an 0711 556 889

Name o. Einr.: _____   Vorname: _____

Straße: _____   PLZ/Ort: _____

Tel.: _____   E-Mail: _____

Kunden werben Kunden

Erzählen Sie's weiter …

Werben Sie einen „KREISEL"-Abokunden und bekommen Sie und der neue Abokunde, ein Dankeschön-Paket Ihrer Wahl im Gesamtwert von ca. 25 € zu den folgenden Themen:

© Serhiy Kobyakov – Fotolia.com

1. Sommer

4. Jahreszeiten

2. Winter

5. Zirkus

3. Zwerge

6. Kasper

Reihe KREISEL in der Edition Dreieck

Lassen Sie sich in Ihrer Arbeit inspirieren!

- Praktische, wirklich gut umsetzbare, kompetente und kreative Anregungen
- Vielfältige Themen und Projekte für die Arbeit mit Kindern
- Für Kindergarten, Grundschule und zu Hause

Bestellen Sie per Post, Fax oder E-Mail: **editiondreick@mellingerverlag.de**
oder im Internet unter **www.editiondreieck.de**

- ☐ 1028 **Erde, Wasser, Luft und Feuer** Eine umweltpädagogische Aufbereitung der klassischen Elemente (€ 12,70)
- ☐ 1029 **Eier, Wolle und ganz viel Milch** Geben u. Nehmen zwischen Mensch u. Tier – Tierprodukte (€ 12,70)
- ☐ 1030 **Abenteuer Garten** Kinder erleben das Blühen, Wachsen, Reifen und Vergehen (€ 12,70)
- ☐ 1031 **Meer-Geheimnisse** Entdeckungen im und am Meer (€ 12,70)
- ☐ 1032 **Von Sonnenuntergang bis Sonnenaufgang** Mit Kindern die Nacht erleben (€ 12,70)
- ☐ 1034 **Bonjour, hello und kali mera!** Kinder entdecken Europa (€ 12,70)
- ☐ 1035 **Von Katzenwäschen und Hamsterbacken** Tiere, die unsere Freunde sind (€ 12,70)
- ☐ 1036 **Mutter, Vater, Kind und alle, die in der Familie sind** Familien- und Verwandtschaftsbeziehungen (€ 12,70)
- ☐ 1037 **Auf Schatzsuche** Ruhe finden mit Musik, Spiel und Bewegung (€ 12,70)
- ☐ 1038 **Im Zauberwald** Kreative Begegnungen mit Märchen und Fabelwesen (€ 12,70)
- ☐ 1039 **Mir geht's gut** Kinder zu ganzheitlichem Wohlbefinden führen (€ 12,70)
- ☐ 1040 **Kommt mit ins Mittelalter** Kinder erfahren, wie Lebensbedingungen sich ändern (€ 12,70)
- ☐ 1041 **Gespenster, Gespenster!** Fantasie, Spiel, Spaß und Lernen (€ 12,70)
- ☐ 1042 **Kommt mit auf die Wiese!** Vielfältigste Anregungen zum Lebensraum Wiese (€ 12,70)
- ☐ 1043 **Bibbeldi babbeldi bonika** Surrealismus und Dada für Kinder (€ 12,70)
- ☐ 1044 **Kasper zieht seine Mütze aus** Figurentheater für Kinder – Herstellung und Spiel (€ 12,70)
- ☐ 1045 **Ich finde meinen Weg** Anregungen zur emotionalen Entwicklungsförderung (€ 12,90)
- ☐ 1046 **Tiere rund um unser Haus** (€ 12,90)
- ☐ 1047 **Vom Rad zum Wagen** Kinder lernen eine wichtige Erfindung kennen (€ 12,90)
- ☐ 1049 **Mach mir Mut!** (€ 12,90)
- ☐ 1050 **Wir spielen mit Luft** (€ 12,90)
- ☐ 1051 **Der Korb mit den wunderbaren Sachen** Afrikanische Märchen (€ 12,90)
- ☐ 1052 **Herzpfade gehen** Auf dem Weg zur Herzensbildung (€ 14,50)
- ☐ 1053 **Zauberhafter Advent mit Kindern** Anleitung für eine besinnliche Vorweihnachtszeit (€ 14,50)
- ☐ 1054 **Kommt mit nach draußen!** Vielfalt im Außenspiel (€ 14,50)
- ☐ 1055 **Das bin ich** Mit Klängen, Tönen und Rhythmus zu sich selbst finden (€ 14,50)
- ☐ 1056 **LesePioniere** Kinderleicht die Welt der Bücher entdecken (€ 14,50)
- ☐ 1058 **Das Badewannenwunder und andere Geschichten und Gedichte für Kinder** (€ 14,50)
- ☐ 760 **Gesund und fit im Leben** (€ 14,50)
- ☐ 761 **Mit Reifrock und Rosenwasser** Kinder erleben die Barockzeit (€ 14,50)
- ☐ 762 **Hurra, wir singen durchs Jahr** Mit 55 Liedern durchs Kinderjahr, mit CD (€ 14,50)
- ☐ 763 **Was krabbelt, summt und fliegt denn da?** Insekten und andere Gliedertiere (€ 14,50)
- ☐ 764 **Komm mit in die Waldtier-Schule!** Die Lebensweise von Waldtieren mit allen Sinnen erfahren (€ 14,50)
- ☐ 765 **Entdeckungen im Reich der Kräuter** mit Wurzel, dem Kräutergeist (€ 14,50)
- ☐ 766 **Winterzeit im Kindergarten** (€ 14,50)
- ☐ 767 **Frühling, Sommer, Herbst und Winter – Mit Fantasie durchs ganze Jahr** (€ 14,50)
- ☐ 768 **Ich wohne hier, und wo wohnst Du?** (€ 14,50)
- ☐ 769 **Wunderweiße Winterwelt** (€ 14,50)
- ☐ 770 **Hüpfe, springe, spiele, singe!** Das Mut-mach-Musical für Kinder (€ 14,50)
- ☐ 771 **Geschichten von Goedela** Ein Mädchen mit Down-Syndrom will lernen (€ 14,50)
- ☐ 772 **Schau mal hoch zum Sternenzelt** Mond und Sterne am Himmel entdecken (€ 14,50)
- ☐ 773 **Der Dideldaus** Lieder und Gedichte für Groß und Klein (€ 14,50)
- ☐ 774 **kunterbunt & kerngesund** Kochen für Groß und Klein mit vielen Bastelideen (€ 14,50)

Alle vier Monate (dreimal im Jahr) erscheint ein neuer Titel in der Reihe Kreisel.
Abonnieren Sie die Reihe, damit Sie keine Ausgabe verpassen!

☐ **Ja, ich möchte KREISEL regelmäßig beziehen.**
- Der Bezug beginnt mit dem zurzeit aktuellen Titel.
- Die drei Ausgaben / Jahr kosten 39,90 € inkl. Versandkosten (45,00 € in anderen EU-Ländern und der Schweiz).
- Ich kann jederzeit kündigen.

Ihre Adresse für Ihre Bestellung per Post an Edition Dreieck, Burgholzstr. 25, 70376 Stuttgart oder Fax an 0711 556 889

Name o. Einr.: _____   Vorname: _____

Straße: _____   PLZ / Ort: _____

Tel.: _____   E-Mail: _____